地域を創る！
「政策思考力」入門編

宮脇 淳・若生幸也 著

ぎょうせい

はじめに

本書は、政治、行政、民間企業、非営利団体そして住民を問わず国や地域の政策を考え実現するための入門的視点と思考を提供することを目的としています。政策は、誰でも考え、発信することが可能です。こうした開かれた体質は、民主主義の充実に不可欠な要素です。一方で、大衆情報化社会が進む中で、主観的感覚による主張が無秩序に発信され、政策展開を混沌とさせる要因ともなっています。

本書では、政策を考え実現させるための力である読者の政策思考力の充実に向け、まず前提となる視点や考え方を示した上で、政策の科学化や政策決定プロセス、政策議論と交渉、自治体経営と政策評価に関する思考方法を提示します。それにより、分野を問わない共通した政策力（ＯＳ）を身につけ、応用力を広げることを目指します。

そして、社会経済環境の変化を客観的、体系的に認識し、自らの主観的な枠組みを意識することで、新たな政策形成を排除・限定化する体質を克服する力を生み出すことができます。縦割りを克服した政策思考を通じた「開かれた学習の場」の視点と、世代や組織を越えた政策力を充実させるための基礎を、本書は提供します。

本書が立場を越えて読者に政策思考の基礎を提供し、様々な「開かれた学習の場」の形成と国や地方自治体で展開される政策形成や政策実施の科学化とその充実に資する一助となることを期待しています。

二〇一六年七月

宮脇　淳
若生　幸也

【新・地方自治フォーラムの紹介】

「開かれた学習の場」の形成に向けては、北海道大学宮脇研究室と株式会社富士通総研が共同で設置した「新・地方自治フォーラム」（http://www.pppnews.org/）があります。新・地方自治フォーラムでは、地方行財政制度や官民連携などに関する最新情報や先進事例の提供をウェブサイト上で行うとともに、新たな地方自治のあり方を議論するシンポジウムを定期的に開催しています。ご参照ください。

目　次

はじめに

第1章　政策を考える前提

第2章 政策の環境変化

第3章　政策の科学化

第4章 政策決定プロセス

第5章 政策の議論・交渉

第6章　自治体経営と政策評価

第1章

政策を考える前提

1 政策とは何を考えることなのか

議会主義の危機

「政策を考える」といった場合、一般的に経済政策、福祉政策、産業政策、地域政策等の個別分野の政策内容、あるいは、その内容の善し悪しを考えることをイメージする場合が多いと思います。こうした姿は、テレビ、新聞、さらには、様々な議論の場で表明される「政府の○○政策は、……の点が不足している、……点に配慮すべきではないか」「自分であれば、○○の政策を実施する」などの表現に現れています。

政策への問題提起は、政策の内容を一層良くするスタートラインとして極めて重要です。しかし、問題点を単に指摘するだけに止まれば、経済社会の進化に対する貢献は薄くなり、空虚な存在となりかねません。加えて、インターネットをはじめとする大衆情報化社会の広がりにより、無秩序に発信される情報によって、多様かつ大量な問題点が政策議論に投げ込まれます。この無秩序な情報により経済社会の進化の方向性が混沌とし、経済社会に不安定な状態を生み出す原因ともなっています。

こうした現象は、民主主義を支え充実させる役割を本来担うべき議会においても生じやすくなっています。「議会主義の危機」といわれる現象です。行政のチェック機関としての議会の機能が批判（否定的批判＝証拠や議論を排除した批判）に止まる、あるいは、無秩序な情報に翻弄される状況に陥ると、議会自身が流動的で異質的な「烏合の衆」の状態に陥ります。このことが、議論を通じた社会的統制、すなわち地域のルールを形成し維持し変更していく役割、「民主主義の学校」としての議会の役割を果たすことをますます困難にします。政策内容はもちろん重要です。加えて、政策内容を生み出し議論を支える政策思考の質的改善を図る必要があります。

政策思考の三つの視点

政策を考える場合の主な対象は、

①　政策内容（政策論）

②　政策を考え・伝える前提となる情報（政策情報論）

③　政策を考え実施し評価する過程とそのガバナンス体制（政策過程論）

の三つです。

良い政策を生み出すためには、

・適切な情報を外部から得て分析すること

・自らの考えを他者に適切に伝え、そのための情報を形成すること

が必要となります。そして、実社会に実効性のある政策を組み立てていくには、思いつきではない体系的な

思考力が求められます。さらに、政策効果の把握・分析とそれに基づく評価を行い、次の政策思考に結びつけていく循環構造が機能するガバナンス体制の形成も必要となります。

政策を考えることからはじまり、次の新たな政策に結びつけていく政策サイクル（政策循環）全体を通じて、多様な情報の分析、多くの利害関係者との議論や交渉の展開などを支える人間の集団行動に関心を持つことが政策の進化にとって不可欠となります。

百点のない解答と政策の進化

①政策内容、②政策を考え・伝えるための情報、③政策を考え実施し評価する過程とそのガバナンス体制、いずれもが人間の集団行動と密接に関係します。このため、政策思考には、次の基本的特性が生じます。

第一の特性は、どんなに良い政策でも百点はあり得ないということです。人間の集団行動は様々な価値観・利害関係に基づいて展開されており、違う視点からの批判や問題提起が避けられません。むしろ、そうした批判や問題提起を受けながら、政策を少しでも良い内容にし続けることが政策思考では重要となります。自ら考えた政策が百点と思い込むことも、もちろん不適切です。なぜならば、政策内容を少しでも良くする議論の場を自ら閉ざすことになるからです。常に、セカンドあるいはサードベストと認識し、満点・正解のない問題に解答し続けることが政策思考の本質です。

様々な価値観の中で、他者の政策をダメ出し的に批判することは簡単です。そこから脱却し、常に半歩でも政策を進化させる視点が重要となります。

「進化」とは何か。絶え間ない変化のことです。「改革」と異なる点は、改革が一時的に大きな構造変化をもたらすのに対して、進化は少しずつの変化を継続する点に特色があります。継続した変化をもたらす政策プロセスを組織的・地域的にいかに構築するかが、政策過程の重要な課題となります。

創造性とルイスの転換点・カリエールの原理

第二の特性は、新たなイメージの形成が政策思考の重要な目的となることです。経済社会の成熟化が進むと、労働力、エネルギー、自然環境など様々な資源制約が強まり、従来の枠組みの延長線上では利害対立を克服できない深刻な状況となります。「構造的対立」と呼ばれる解決策が見えない状況です。たとえば、人口減の中で現役世代が減少すると、働き手が不足し、保育、教育、介護、看護など様々な面での人間活動が制約を受け、経済社会コストが高まるだけでなく、地域やコミュニティの機能不全も生じる状況です。

従来の経済社会の枠組みのままで限られた資源をとり合えば、ゼロサムではなくゼロマイナスの経済社会となり、国や地域全体が地盤沈下する要因となります。進行する環境変化を認識せず、現状に浸り続けると変化への対応策・解決策がなくなる、いわゆる「ゆでガエル状態」と揶揄される実態に陥ります。

こうした実態に陥らないためには、対立する利害関係者が共通で見てみたいという意欲を喚起する新たな枠組みたるイメージを常に生み出す努力が不可欠です。たとえば、現役世代の人口減少に対して、情報通信やロボット技術の具体的展開により、新たな社会システムを形成するなど、既存の枠組みに止まらない創造力を持続的に発揮することです。

（ルイスの転換点）

政策への創造性の発揮は、従来以上に重要となっています。英国の経済学者であるアーサー・ルイスが指摘した事項として「ルイスの転換点」があります。ルイスの転換点とは、経済社会が発展し工業化が進む過程で、農村部から都市部への余剰人力の移動による低賃金の労働力確保が限界に達し、国全体の経済成長が転換点（構造的対立点）を迎えることの指摘です。

日本経済では一九六〇年代までの工業化に入った段階では、農村部に大きな余剰労働力が存在したため、工業化の進展とともに高付加価値産業が集積している都市部の製造業やサービス業に移動する流れを強め、日本の高度成長期を支える要因となりました。しかし、一九七〇年代に入ると、農村部からの労働力の都市部移動に限界が生じ、転換点を迎えています。この時点が日本経済の「ルイスの転換点」にあたります。

ルイスの転換点を迎えると、一般的に労働コストが上昇し企業の収益力が低下するため、次の持続的成長へつなげるためには、従来の枠組みから脱却し新たなイメージの高付加価値領域へ自立的に移行することが不可欠となります。それが実現しないと、「中所得国の罠」といわれる現象に陥り、国として中所得の経済レベルから脱することができない厳しい社会構造に陥ることが指摘されています。日本は幸いにも一九七〇年代に直面したルイスの転換点を、高付加価値化とともに克服しました。しかし、今、超少子高齢化の時代を迎え、労働力・人的資源の本格的制約から新たなルイスの転換点への挑戦が求められています。

（カリエールの原理）

政策は、新たな感動とイメージを生み出す「芸術」と共通点を持ちます。相違点は、もちろん芸術と異なり、政策は経済社会の活動として現実のものにすることが求められる点です。その意味から、政策では創造と実践の架橋が不可欠であり、実践の核となる人間の集団行動に深い関心を持つ必要があります。ただし、創造性、すなわち新しいイメージが飛躍的であればあるほど、従来の利害関係や経済社会の構造と隔絶し、その理解を得ることが困難となります。そうしたときに必要不可欠な点が、適切な情報提供による議論と理解を通した人間関係の構築です。

「カリエールの原理」という指摘があります。交渉戦略の基本として今日でも引用される原理であり、一八世紀初頭のルイ一四世時代に活躍した外交官カリエールが『外交談判法』で示した考え方です。具体的には、人間関係の形成は、人間が生み出した法律よりも一層大きな影響を経済社会に及ぼすとの指摘です。その理由として、「人間は法律を守ることに細心であったとしても、法律は、紛争、そして結論を見出しづらい権利主張を無数に生み出す。この点を克服するには、人間関係の構築による相互理解しか解決策はない」ことをあげています。以上の指摘は、大衆情報化社会となった現代では、一層重要となります。

法律だけでなく情報に細心の注意を払っても、無秩序な権利主張や社会問題が氾濫します。そうした実態を克服するには、最終的にface to faceの人間関係を形成し充実することが重要となります。百点があり得ない政策の世界では、どんなに創造的で緻密な内容を生み出しても、多くの利害関係者から様々な問題提起が行われ、実効性の障害となります。

こうした障害の本質的持続的克服は、上からの権力による解決ではなく、人間関係の構築による相互理解となります。政策の本質は、人間関係とそこで展開される集団行動を考え、集団行動に働きかけ変化をもたらし、目的に向けた実効性を確保することにほかなりません。政策は人間行動の相互作用によって形成される経済社会プロセスといえます。

2 政策とは何か

改めて「政策とは何か」を整理します。現代社会では、誰でも政策について何らかの考えや意見を自由に持ち、発信することが可能です。そもそも「政策」とは、何でしょうか。政策とは、国、地方自治体、政党等公的な機関が、経済社会活動の方針を示すこと、すなわち、「政治としての方向性」、あるいは「社会的な様々な価値の権威的配分」を示すことです。

政治というと、日本では政治家や政党の活動をイメージすることが多いと思います。しかし、政治とは「新たなルールを形成し、維持し、変更し、廃止する人間行動」であり、民間企業（社内政治）、大学（学内政治）など、様々な人間集団に存在することから、政治は政治家の独占物ではないことが分かります。

また、議会は国民の代表であり、民主主義の要です。しかし、有権者は議会に対して政策に関する自分たちの意思や決定権を全て委ねたわけではありません。最終的には、有権者たる国民が政策を決定することになります。それは、選挙だけでなく、国民投票、住民投票、直接請求制度等が国、地方により違いはあるものの制度的に設けられていることからも分かります。こうした代表の形を「半代表制」ないし「半直接制」といい、議会自体も選挙だけでなく常に有権者からチェックされる存在です。議会制民主主義は、決定権を代表者と国民に配分する制度であることを認識する必要があります。

政策思考は、議会や行政の独占物ではなく、国民や民間企業等の国や地域にかかわる全ての人々が意識すべき課題です。ちなみに、国家戦略をはじめとして「政策」の言葉と同時に「戦略」という言葉もよく使われます。戦略とは、複合的視野で限られた資源を効果的に活用し、特定の目的を達成する方法を意味します。戦略は、今日の政策に強く求められる複合的視野を強調した内容となっています。

民主主義の虚偽

現代社会の政策は、情報共有と開かれた議論に支えられた民主主義の下で展開されます。その民主主義は、多数決での意思決定を基本としています。なぜ、多数決を基本とするのか。本来は、様々な利害関係の中で相互に理解し得るまで議論を重ね、結論づけることが理想（熟議民主主義）です。しかし、政策には実効性が求められます。変化する経済社会の環境の中で、課題に対して適時・適切に対応していくことが重要です。どんなに良い政策でも時期を失した展開では、意味がありません。そこで、民主主義は十分な議論を目指しつつも、結論を得るルールとして多数決を採用しています。

ただし、あくまでも結論を得るためのルールであり、結論自体の適否を担保するものではありません。この点から、多数決で決まった結論には、民主主義のルールとして従いつつ、内容については常に少数意見にも耳を傾け、一層良い政策を生み出す努力を重ねる必要があります。多数決で決まっても、それが最善の政策内容であることを意味しません。また、多数決で決まった政策による社会的厚生が、少数となった政策による社会的厚生を上回るとは限りません。多数決の原理が、内容の最適性を意味しないことを「民主主義の虚偽」といいます。議会の絶対的・相対的多数や地方自治体の首長の多選等、寡占的政治パワーを得れば得るほど、また、地域の構造的対立が深まるほど民主主義の虚偽の視点を重視する姿勢が必要となります。

政策はなぜ生まれるか

(理想と現実の乖離)

政策はなぜ生まれるのでしょうか。表現を変えれば、経済社会のルールを新たに形成し、維持し、変更し、廃止する人間行動がなぜ生まれてくるかの問いかけです。その答えは「理想と現実の乖離」にあります。理想とする経済社会の姿に対して、現実が十分ではない、方向性が異なるなどと判断した場合、それを補い修正する人間行動が生まれてきます。より良い経済社会を生み出そうとする人間行動であり、その大きな道具が政策といえます。

したがって、政策の基本的構成部品として、「理想」と「現実の評価」、そして「手段の集まり」が必要となります。「理想」は、実現したい経済社会の究極の姿、「現実の評価」は理想の姿を当てはめて現実の善し悪しを判断し、不足点（隔たり・乖離）を明確にすること、「手段の集まり」は、現実を理想に近づけるための具体的方法を体系的に示すことです。この具体的方法を体系的につくる段階が政策形成であり、実施していく段階が政策執行です。

(理想と現実の一致)

ここで、留意すべき点があります。それは、理想と現実が乖離するのではなく「理想と現実が一致」する姿での政策が存在することです。すなわち、現実の様々なルールがベスト、あるいはベストとはいえないまでも、維持した方が良いと考える場合の人間行動です。こうした場合に発動される手段は何か。それは維持したい現状を変えようとする考えや流れを排除する、あるいは、排除しないまでも現状をできるだけ維持し、変化を少しずつもたらす手段を選択することです。こうした政策展開は、現状を尊重し見直しを少しずつ進める保守的姿勢(既存の制度、政策や考え方を尊重し変化に反対する姿勢)と親和性が高く、理想と乖離する現状を一定のスピード感で変えていこうとする姿勢は、革新的姿勢(既存の制度や政策をより適切に変更する姿勢)と親和性が高くなります。

しかし、現実の政策では、「理想と現実の乖離型」(革新型)か「理想と現実の一致型」(保守型)かを見抜くことは簡単ではありません。前者の革新型の顔を持っていても、政策執行の段階で時間をかけて少しずつ実施するガバナンス構造であれば、後者の保守的姿勢に近くなります。また、一つひとつの手段は革新型あるいは保守型の姿をしていても、多くの手段の束としてみた場合、それぞれが相互に影響し合い最終的な政策全体の姿や質が変わることもあります。いずれにせよ、政策の顔とその実態は、非常に複雑であり、内容や執行過程等全体をみる必要があります。政策思考は、政策内容に注目するだけでなく、政策の執行過程にも注意を払う必要があります。

ストリート・レベルの行政職員理論

表面的な政策内容ではその本質は判断できず、同時に政策を実施するプロセスを理解する必要があります。もちろん、基本的な方向性や理念は重要ですが、現実の政策の成否のカギは実施するプロセスの細かい点に存在しています。国の予算、法令、条例や規則の内容だけでなく、それを現実に当てはめ適用していく行政の裁量権の質、行政の人間行動のあり方によって、政策の本質そして効果が大きく異なる結果となります。

この点の理解を深めるため、行政学の分野の基礎的理論をご紹介します。マイケル・リプスキーが指摘した有名な「ストリート・レベルの行政職員理論」です。これは、政策の対象となる国民や民間企業などの人々と日常的に接している行政職員（国では税務職員、地方自治体では外勤警察官やケースワーカーなどが例となります）は、多様かつ具体的な事例に対して設定されたルールを適用するため、あるいはどの仕事にどの程度のエネルギーを割くかの裁量権を持つため、そのことが政策対象者に事実上の権力を強く行使する結果となっているという指摘です。

（現場主義）

明確な思想の下で大きな方向性と枠組みで政策を形成しても、その具体的適用がどのような質を持つかで、政策の方向性や効果は大きく異なる内容になります。この意味から、政策を考える重要な視点として現場主義が指摘されます。政策の執行過程のうち、実際に国民に接している現場で生じている問題を把握し、そこから政策執行のガバナンスの課題を認識し改善していくことが重要です。

国の政策形成では、現場での様々な課題を認識することには限界があり、市区町村すなわち基礎自治体を中心とする地方自治体の現場での課題を敏速に国の政策形成にフィードバックすることが、政策の質を改善するためにも重要となっています。この点は、公共サービスを民間に委ねた民間化政策でも同様に求められる点（委託した民間の現場での課題を敏速に発注者である行政にフィードバックすること）です。

3　理想とは何か

政策を構成する「理想」・「現実の評価」・「手段の集まり」の中で、もっとも根幹に位置するのが「理想」です。なぜならば、理想がなければ現実を評価することはできず、また、現実が評価できなければ乖離を埋める手段を考えることもできないからです。したがって、政策を考えるに際して、まず、国や地方自治体を問わず「理想」の明確化が不可欠となります。「明確にする」とは、具体的に他と区別できることを意味します。理想の明確化とは、実現したい経済社会の姿を他の姿と区別できるように示すことです。

しかし、国や地方自治体の政策で理想を明確に示すことは、容易ではありません。なぜならば、理想を明確にするほど、異なる価値観や利害からは反対される傾向を強めるからです。ちなみに、明確にするとは、他と区別することですが、「分かる（理解する）」とは、他と区別して認識し説明できることを意味します。したがって、「Aの事項」が分かったとは、Aの事項について他の事項と区別して説明できる場合に使用します。自分で「分かった」「理解した」かどうかを判断するには、他の事項と区別してはっきりと他者に説明できるかがものさしとなります。こうしたものさしを持って自らの政策の理解度を認識することは、論理性（体系的に他者に伝える力）を高める上でも重要となります。

大衆情報化社会と求心的競合

理想は明確にして、その内容を他者に伝える必要があります。しかし、現実には理想を明確にするほど、価値観が先鋭化し、異なる利害集団からは反対される傾向を強めます。このため、利害対立を避けるため不明確な政策内容を政治的に生み出しやすくなることは、アンソニー・ダウンズが示した「求心的競合」という指摘にもみることができます。

得票数や当選者数を最大化するための合理的行動として、政党は利害関係や価値観を明確にしていない浮動的中道層の票の獲得を目指す傾向を強めます。すなわち、保守・革新の中間的政策を追求する傾向です。この結果、両極にある保守・革新の両者のイデオロギーが相互に接近し、提示する政策内容も同質化します。

二大政党制により政策議論の活発化を期待したものの、政党間の政策内容の違いが不明確で分かりづらい状況などに代表されます。「結局、どの政党でも同じ」といった意識がまん延する現象を生み出します。とくに、大衆情報化社会が深化すると、従来に比べて様々な情報が発信されることにより、政策情報がカオス（混沌）状態となりやすく、そこでの政党の活動はより多くの支持を得るため、集団としてボリュームのある中道層を狙い、政策内容の明確化を回避する傾向を示します。

マニフェストの不明確性

日本のマニフェストは、国や地域の政策全体を視野に入れたパッケージ方式（一括方式）が一般的です。このため、政党、候補者、そして有権者も、個々の政策事項と全体の政策展開を関連づけ、評価する意識が希薄となります。候補者は、有権者が個々の関心事に着目して投票することを重視し、少しでも多くの有権者の利害に配慮するため、相互矛盾する事項をも政策に組み込む姿勢が強まります。

そして、有権者はパッケージ型マニフェスト全体に対する可否の判断を選挙によって問われることになります。個々の政策に対する賛否を有権者は、個別に投票で表明することはできません。有権者は、自分自身の関心事項にのみ注目し投票する傾向が強く、自分の関心事のみによって投票したマニュフェスト全体に信任を与える結果を生み出します。そのことは、マニフェストの本来機能である政党、有権者全体で民主主義を育てることを困難にします。

マニフェストに本来求められる基本的内容として、

①　政治的な問題点の明確化
②　美辞麗句ではない実施可能性を担保した政策の提示
③　政策に対する事後評価の担保
④　政策本位の政治選択を可能にする情報提供

などがあげられます。マニフェストに描かれた個別事業の善し悪しではなく、マニフェストの内容に現れた政策理念に基づく政策執行能力の可否が重要な判断基準であり、美辞麗句に左右されることなく、内容の妥当性、すなわち書かれている事項の相互間に矛盾はないかなどの評価軸が重要となります。

パッケージ型マニフェストでは、作成段階において利害関係集団単位の縦割りの妥協的調整により形成されることが多く、政策の実施段階に入ると、その妥協的関係が構造的対立に変化し相互に抑制し合い、記載事項を現実のものにできない実態を生み出します。マニフェスト作成段階では、分断された多くの利害関係集団の利害を選挙に向けて縦割りで個別に吸い上げるため、優先順位をつけない並列的事項記載となりやすいことに原因があります。

総論賛成・各論反対

他との区別がはっきりすればするほど、価値観や利害関係の対立が激しくなります。利害関係を対立させることは、政治的には反対者を増やす結果になるため、支持を拡大するには明確化を避けたいという行動が生じやすくなります。このため理想を具体的には示さず、曖昧性（語句の意味が確定できない）・多義性（語句の意味は確定できるものの、意味が沢山ある）の強い言葉で表現することになります。たとえば、「地域を元気にする」「世代を越えた笑顔のまちづくり」「子育てにやさしいまちづくり」などです。そして、語句の曖昧性や多義性は、さらに文章化の中で文脈としての曖昧性・多義性を生み出します。

こうした理想の表現は、政党や政治家の公約、マニフェストだけでなく、国の計画、地方自治体の基本構想・総合計画などでもよくみかけます。ほとんどの人々が否定せず、受け入れ可能な言葉で理想を表現します。前例でみれば、曖昧性・多義性を持つ「元気」「笑顔」「やさしい」の言葉の意味を受け手側がそれぞれの立場から解釈し、理想を理解することを可能にし、異論が生じづらい構図を生み出すのです。

理想の内容が曖昧・多義となり、受け手によってその内容を個別に理解すると、当然、現実の評価も曖昧・多義となります。「評価」とは、一定の「ものさし」を当てはめて物事の善し悪しを判断することです。この評価の「ものさし」となるのが理想です。しかし、理想が明確でなく、評価のものさしが曖昧・多義となれば、物事の善し悪しも受け手によって多様化し、評価を統一的に明確化することはできなくなります。このため、多くの人が実効性の面から関心を持つのは、曖昧・多義な理想ではなく、理想を実現するために展開する具体的な手段となります。

政策議論で「総論賛成、各論反対」という言葉をよく耳にします。抽象的で曖昧性・多義性を有する理想の姿には賛成するものの、それを実現する具体的な手段となると、利害関係が対立し反対する姿勢を意味します。総論賛成・各論反対の本質は、手段の違いに対する賛否にあるだけではなく、理想の明確化が十分でないことにも原因があります。

目的・目標の見える化

理想が曖昧・多義な内容であっても、理想と手段のつなぎ手である目的を明確化することで補完することが考えられます。目的とは、理想を実現するための具体的な到達点を意味します。前例の「元気」「笑顔」「やさしい」を実現したときの具体的姿を示すことです。地域が元気であることとは、地域の所得が増加することか、それともコミュニティ活動が活発化することか、その両方だとしてもどちらを優先するのかなどを明らかにして、曖昧・多義な言葉の内容を絞り込み、受け手に「見える化」することです。見える化とは、可視化と異なり無関心な他者の目にもふれるようにすることを意味します。

そして、目標とは目的に到達するための段階的到達点を示すものです。目的は、ひとつの手段、ひとつの手順で単純に達成できることはありません。複数の手段を時間軸の中で段階的に実施することで達成されます。国などで作成される政策に関する「工程表」は、目的に接近する目標と手段の関係を時間軸と共に明確に示したものです。

以上から政策をさらに細かく説明すれば、「理想と現実をつなげる手段の集まりを目的・目標を明確にして体系化すること」となります。そして、前述した求心的競合によるイデオロギーの接近・政策内容の同質化は、とくに理想の段階で深刻化します。そこで、目的・目標、そして手段の設定をいかに行うかが政治的争点となることが多くなります。政党は、選挙によって多くの票を獲得し、自ら良いと判断する手段を選択できるパワーを獲得することに努力します。この結果、理想は同質化しても、政治的立場によってそれを実現する手段（政策的正義）は異なる内容になる傾向を強めます。

政策の本質を理解するためには、目的・目標とそれを実現する手段の結びつきを明確にするガバナンス機能の充実度を確認する必要があります。地方自治体の政策展開で先進的地方自治体の政策内容を積極的に導入しても期待した効果が生まれず、予期しない問題を生じさせることもあります。これは、手段そのものの問題ではなく、手段を実際に実施するガバナンス機能の質の違いに原因があることが大半です。

4　公共性とは何か

協力関係を形成し維持する人間行動

国や地方自治体等の展開する政策は、「公共政策」と呼ばれます。この公共性とは何か、多くの考え方と議論がありますが、基本的には「社会一般の利害にかかわる性質とその度合い」であり、具体的には、「価値観・立場の違う人たちが協力関係を形成し維持する人間行動」ということができます。したがって、公共政策とは「理想と現実をつなげる手段の集まりで目的・目標を明確にしつつ、価値観・立場の違う人たちと協力関係を形成し維持しながら展開していく人間行動」となります。人間が集団行動を展開するには、相互に理解し意思疎通することが大前提となります。ここでも、情報共有と議論が不可欠で、政策情報と政策過程の視点を持つことが重要です。

加えて、公共政策を考える基本的倫理として、特定の領域、人間行動、利害関係や価値観をはじめから排除することは避ける必要があります。様々な要因が相互連関性を深めた今日の経済社会プロセスでは、特定の要因をはじめから思考対象外とすることが政策の有効性を決定的に失わせる危険性を持つからです。自ら認識する課題より一層広い視野で情報を共有し、一層広い視野で議論することが求められます。

（共通の言葉）

価値観の異なる他者との協力関係を形成するには、共通の言葉で考え行動することが不可欠となります。「共通の言葉」とは、政策に関する情報の「真意の共有」が図れることを意味します。したがって、曖昧性や多義性を極力排除して、価値観が異なっても同じ内容として情報を共有できることが必要です。たとえば、官僚用語としての「考えておく」は「やらない」、「当分の間」は「半永久的」を意味するいわゆる業界用語で語ったとすれば、民間主体との意思疎通は難しくなります。

また、国や地方自治体で展開される会計制度、いわゆる公会計は、財政法に基づいて展開されています。しかし、民間企業で展開する企業会計とは大きく異なる点をもっています。たとえば、費用と同じ用語でも、概念は異なります。国や地方自治体の一般会計等を支える公会計の費用概念では、事業に係る人件費や運営費などの間接的費用は事業予算費目として認識せず、別の予算費目として切り離されるほか、単年度主義・現金主義を基本とすることから、将来費用の認識である減価償却引当金や退職給与引当金などは基本的に予算計上されません。企業会計では、これらを含んだフルコストを費用として認識します。国や地方自治体でも事業単位でのフルコストを認識することで、予算編成や行政経営の意思決定のものさしを変えることが可能です。

同じ数字でも意味が異なれば、意思疎通することが困難となります。情報の共有は、量だけでなく質の面にも十分に配慮する必要があります。

コンテクスト思考

ここまでは、公共政策を人間行動の相互作用で形成される経済社会プロセスとして整理しました。それでは、そうした経済社会プロセスを考える場合に政策思考においていかなる接近方法をとることが有効なのでしょうか。その方法のひとつが、人間行動に対する「コンテクスト思考（脈略思考）」です。

コンテクスト思考は、政策に関する制度と環境を通じた人間行動の相互作用を認識することから始まります。具体的には、人間行動の相互作用によって形成される経済社会プロセスを認識するため、

・「行為者」
・「行為者間の行為の相互関係」
・「経済社会の資源環境」

の三つの要素に分けて考えます。たとえば、行為者が特定の価値を最大限に追及する場合、何らかの社会的制度ないし慣行を利用して経済社会の資源配分に働きかけようとします。そのことは、他者の行動などに影響を与えます。

具体例としては、製造業を営む企業が自らの利潤の最大化を追求するため、税制や規制等諸制度、そして経済社会の慣行を利用し又は変更や廃止し、自社あるいは業界に有利な経済資源や財政資金などの配分の獲得に努力します。こうした特定の行為者の行動にまず視点をおき、そこから影響し合う異なる人間行

動の相互作用の脈略に視野を広げます。その視野の積み重ねで相互作用を関連づけたより広い経済社会プロセスを認識し、その中での集団的行為に関する意思決定などを掘り下げます。

製造業の例でいえば、企業活動が流通業や下請け企業、さらには消費者行動とどのように関連するかを認識し、その中での問題点とそれを解決するために働きかけるトリガー(引き金)等を考えていく思考です。こうした思考は、上位下達により階層化・分断化された縦型視野による政策形成だけでなく、階層を取り除き分断領域を相互に結びつけた水平的視野を政策形成に組み込むことで可能となります。

(応答責任)

加えて、コンテクスト思考では行動の応答責任への認識が重要となります。人間の集団行動は、相互に影響し合って形成しています。いわゆる相互連関性です。相互連関性のある中で実施した人間活動は、かならず他者に影響を与えます。他者に影響を与えたことを自ら認識し、与えた影響に対してさらに対応することを「応答責任」といいます。「自己責任」という言葉があります。「自分で決めたことに対しては、自分で責任をとりなさい」という意味です。確かに、自己責任は重要です。なぜならば、法的観点からも自分が関与していないことまで過剰に責任を問われないという人権保護的側面を持っているからです。

しかし、同時に留意しなければならないのは、現代社会ではまったく他者とかかわりのない行為はほとんどないということです。したがって、政策に実効性を求める政策思考では、自己責任と同時に応答責任を常に意識する必要があります。応答責任は、「「すること」に対する責任」と表現することができます。相互連関性を高めた経済社会に政策を展開すれば、必ず意図した領域以外にも影響を与えます。相互連関の影響を認識・検証し、さらに進化した政策を思考していくことが重要です。

問題志向性

コンテクスト型の政策思考で政策への経済社会プロセスとしての人間行動のイメージを形成した後、次に重要となるのは「問題志向性」です。
問題志向性とは、問題解決のための①目的・目標の明確化、②歴史的傾向の重視、③条件の分析、④将来予測、⑤代替案の創造の五つの視点を通じて形成されます。

（目的・目標の明確化）

目的・目標の明確化とは、コンテクスト思考で形成した経済社会プロセスの中でいかなる人間行動を選好すべきか、経済社会の諸活動を通じた価値の形成及び共有を通じていかなる優先順位を設定すべきかの問題です。目的・目標を実現するための手段を選ぶ選好基準の明確化であり、政策の価値規範に影響を与える重要な位置づけにあります。コンテクスト思考による人間行動のイメージを政策形成につなげる重要な点といえます。

（歴史的傾向の叙述）

歴史的傾向の叙述とは、過去から未来への時間軸の中で、認識した現実の経済社会の課題がどこに位置しているのか、目的・目標としているものを達成する上で政策の取り組みはどこまで到達しているのか、成功や失敗の例が時間軸のどこにあるのかなど、政策の時間的立ち位置を明確にすることです。世界の経済社会の発展と情報化社会において、日本の発展段階や政策がどこに位置するかなどの認識が、この「歴史的傾向の叙述」に該当します。

（条件の分析）

条件の分析とは、歴史的傾向の叙述で認識した時間軸の中での政策の立ち位置を踏まえ、将来に向けた方向性とその影響度の大きさを認識することであり、歴史的傾向がどのような要因の相互作用によって生まれたのか、立ち位置の基盤がどの程度しっかりしているかを明らかにすることです。その際に重要となるのは、モデル化、すなわち経済社会プロセスと歴史的方向性について単純化・抽象化して共通認識を形成することです。歴史的傾向とその方向性を単純化・抽象化（共通事項・類似事項の抽出）し共通認識を形成することで政策に対する大きな海図を書くことが可能となります。

歴史的傾向の条件の分析に関する理論的モデルとして、

①　均衡モデル（均衡状態と認められるある相互関係を確認し、何らかの外的要因によりそれが攪乱したとき、

元のパターンを回復する力がいかに働くかを描くモデル）

②　最大化公準モデル（意思決定者が自らの価値要求に関してより良い状況を達成し得ると考え行動することの相互作用によって形成されるモデル）

③　政治構造のモデル（集権化・分権化、集中化・分散化、公式参加・非公式参加などの各政治の枠組みによって形成されるモデル）

などがあります。しかし、実践的な政策思考ではこうした理論的モデルを導入することが重要なのではなく、自分自身の政策思考のモデルを形成し進化させることが重要です。その進化過程で、以上の理論的モデルを参考にすることが有用です。

（将来の発展の予測）

将来の発展の予測とは、歴史的傾向の条件分析を踏まえ、将来展開について明示的かつ信頼できる内容を形成することです。将来に対する情報は過去の情報に比べて、必然的に信頼性が低下します。それは、間接的でかつ推論的であることによります。しかし、政策思考においては、将来を見ることは不可欠な要素となります。それだからこそ、不確実性やリスクをより慎重に認識し共有することが信頼性を高める面からも必要となります。

（代替案の創案、評価及び選択）

代替案の創案、評価及び選択とは、目的・目標を最大限に達成するために、どのような戦略が最善かを考えることです。人間行動に対する最終的なコミットメントの決定を意味します。この「代替案の創案、評価及び選択」では、

①　実現されるべきなのは誰の政策目的・目標か、実質的な意思決定者は誰か
②　問題になっていることは何か
③　政策執行によって実現されるべき具体的な効果は何か
④　いくつかの効果が実現できると仮定し、求める効果が実現する確率はどれくらいか
⑤　どのような決定結果が目的・目標達成のために最適か、誰が何をいかに決定するのか
⑥　求める結果に対してどのような利害傾向が好意的、反好意的、中立的であるか
⑦　案の決定に支持を取りつけるのにどれくらいの労力などを必要とするのか
⑧　どのような戦略が最適に価値目標を達成し得るか
⑨　最終的な結果を実現する確率はどの程度か

などの諸点を踏まえることが重要なポイントになります。

5 政策を科学することの意味

科学とは何か

「医療・介護、子育てなど超少子高齢化社会にどのように対処するべきか」「人口減の中で地域の活力をいかに持続するべきか」「自然環境保護に向けて何ができるのか」「財政赤字をどうするるか」など、経済社会で発生する様々な課題解決を図る政策について、誰でも何らかの意見を述べることは可能であり、そのことは民主主義の大前提でもあります。このため、国や地方自治体の政策議論への住民参加やパブリックコメントの実施など、民主主義の充実に向けた取り組みが展開されています。

政策は、議会や行政の専有物ではなく皆に開かれた存在であり、誰でも議論に参加し一層良い政策内容にしていくことが可能です。そうした中で、政策を科学するとはどのような意味でなぜ必要なのでしょうか。単に政策について意見を述べることと何が異なるのでしょうか。

「自然」と「自然科学」、「社会」と「社会科学」と同様に、「政策」と「政策科学」とは何が異なるのかという疑問です。一般的に科学とは、一定の目的・方法のもとに種々の事象を研究する認識活動であり、その成果としての体系的知識をいいます。科学であることの基本的要素は、客観的合理性に基づく体系化です。単に政策の現象を認識し考えるだけでなく、認識した現象を他の現象とも比較しつつ、共通点・相違点などを一定のプロセスを経て構造的に理解し、そこから生み出された知識を政策の進化に結びつけていくことを意味します。

政策の本質は現場に宿る・帰納主義

〔帰納主義〕

具体的な現象に対する主観的な意見や一時的な思いつきも、政策を進化させる発端として重要性を持ちます。なぜならば、絶え間ない変化は、絶え間ない観察とそれに基づく批判・問題提起から生まれてくるからです。政策も政策の前提となる哲学も、現場から生まれます。現場の具体的事象から物事を考える流れを帰納主義といいます。しかし、そうした主観的意見は、政策進化の発端となってもゴールとはなりません。個々の着眼点を政策の進化に結びつけるためには、体系的な政策思考を通じて主観的意見や一時的思いつきのレベルから脱却し、より広範に共通する普遍的な質に内容を高める必要があります。

なぜならば、すでに応答責任として整理したように、政策は常に他者に影響を与えます。その影響を認識し、自分の視点から主張するだけでなく、その影響により生じる人間行動に対応していく意識が、政策思考では不可欠となるからです。政策は、その内容に反対の人々や直接的な利害を持たない人々にも負担や義務を直接・間接に強制する側面を持ちます。そのことを十分に認識する必要があります。

（出会いがしら政策・ポピュリズム）

大衆情報化社会の拡大とともに様々な情報が様々な角度から発信され、そこから見えてくる着眼点も無秩序化し多様化と流動性を著しく進めます。こうした着眼点の無秩序化は政策に対する悪い意味からのポピュリズムを拡大させ、政策展開自体を無秩序化させる要因となります。

近年では、ソーシャルメディアなどを通じて、誰もが発信者になる時代が到来しており、良質な情報とそうでない情報が混然一体とインターネット上に流通しています。情報の流通量は飛躍的に増大すると同時に、それらの質を判断することが困難になりつつあります。このため、発信される情報の生成方法や参照情報を注意深く検証することが、いままで以上に重要となっています。

情報を通じた経済社会の機能不全の構図は、二つの流れで生じます。第一は、情報を全く流さず受け手にとって情報過疎の現状を生み出すこと、第二は、無秩序に大量の情報を提供し受け手にとって整理・消化不能な現状を生み出すことです。近年では、後者の危機も深刻化しています。受け手にとって必要かつ有用な情報を選別できず、そのことの結果として第一の情報過疎の実態を実質的に生み出すことに結びついています。

政治家として有権者との間の意見交換は、重要です。しかし、以上の機能不全の拡大は政治家がたまたま耳にした意見をそのまま現実の政策に結びつける「出会いがしらの政策」を増加させています。

（投機的政策・失敗の連鎖）

ポピュリズムは、市民のニーズを政治に反映させることを本来意味します。しかし、最近では市民の主観的感覚としてのニーズを政治が無秩序に受け止めそれに翻弄され、政策全体が大きく歪む悪い意味で使用されることが多くなっています。こうした政策は、投機的政策とも呼ばれます。投機的政策は、政策全体を歪めるだけでなく、政策的な失敗の連鎖を生み出します。国民から提示されたニーズに対応しようとして行動しても、次にその目的から離れた国民ニーズが提示されるとそれへの対応行動を選択し、両者を行き来する中で政策に対する信頼性を失わせていきます。政策思考を主観的感覚レベルから脱却させ、他者との相互関係の中で応答責任を認識した政策思考と議論を展開する意味での政策の科学化が必要となっています。

（世論と輿論）

なお、世論（せろん）と輿論（よろん）は本来異なる概念ですが、今日では未分離に使用されることが多くなっています。世論は、マスメディアなどから形成された社会の空気、多勢に流された意見を示し、大衆情報化社会になると、とくにこの世論が大きなパワーを持ちやすくなります。これに対して輿論は、議論や対話を展開されたうえで形成された意見を意味します。

政策議論に資するのは、輿論です。しかし、世論を無視した政策は、多勢のイメージと乖離するため実現性に乏しい状況に陥ります。このため、世論を受け止めつつ政策思考や政策議論を充実させつつ、輿論へと高めていくことが必要となります。

数理的政策学と人間行動

（啓蒙主義・数理的政策学）

科学のコアである客観的・体系的な知識形成に関して、よく指摘されるのが数字を使った分析や認識の必要性です。二〇世紀の欧米を中心に発展した公共政策学は、理性による普遍性を基礎とする科学や技術が経済社会発展の原動力になると考える一九世紀の「啓蒙主義」を始点として理論化されています。

二〇世紀後半には国勢調査等データに基づく統計学の発展、それに続く情報処理技術の進化に支えられ、日本でも国の行政機関を中心に進化してきました。そのプロセスの中で統計学や情報通信改革によるデータの集積などを背景とした数理的政策学が発展し、政策の体系化に対する哲学的思考を中心とする論理実証主義以上に、数字を使った観察・分析による数理実証主義を重視する傾向を強めてきました。

経済社会の現実の諸問題を数理的に理解し、それを現行政策の見直しの重要な行動ルールとして位置づける流れが、政策形成や評価に大きな影響を与えてきました。政策の優先順位や効果について、論理的・定性的ではなく定量的に数字で認識し議論する流れです。確かに、主観的感覚議論から脱却し、客観的に政策を思考する手段として数理的手法は大きな役割を果たします。

〔数理的政策学の限界〕

数理的手法は政策思考の重要な手段であり、政治の判断の質と説明責任を高めますが、政策の最終的創造要因としては限界があります。経済社会的相互連関性が高まる中で、既存領域・事業単位による数理的政策の視点からだけでは、共通点を見出すことには限界が生じるからです。

とくに、政策資源の制約が強まる今日では、利害関係者間の現実的妥協点の維持が困難となるだけでなく、政策議論に関与できない多くの国民が解決策のない構造的対立の中に無力に残されるため、政策自体への信頼性が全体として失われる結果となります。これを克服するには、数理的政策学の視点を持ちつつも、公共哲学と倫理的思考による新たな政策イメージの形成、そして、そこでの行動ルールによるガバナンスの再構築が優先課題となります。

構造的対立の解決策

そこで、相互に排他的な解決点を持つ二つ以上の考えが共存し、利害関係者だけではその解決点を確定できない構造的対立、出口なき政策議論を克服する政策手段について、整理してみます。

それは、第一に「耐えられる対立の領域」にとどめること、第二に「対立の操作」を行うこと、第三に「意思力の操作」を行うことです。

（耐えられる対立の領域）

第一の「耐えられる対立の領域にとどめる」とは、足元の利害関係者間の損失を最小化し現実的・妥協的な結論に到達することで問題の深刻化を回避する手段です。いわゆる、皆で少しずつ我慢する構図です。従来の政策形成の多くは、このレベルでの対処を中心としてきました。たとえば、高度成長から中成長、さらには低成長へと日本の経済成長が低下した一九七〇年代から八〇年代にかけて、新たに配分する資源制約が強まる中で、少しずつ配分を削減し既存の枠組みを維持しつつ、利害関係者間で我慢する構図です。

この場合、既存の政策形成に関与できる限定的な利害関係者間での対立を調整することを中心とするため、前述したように政策形成に関与できない既存利害関係集団に属さない多くの人々は対立の中に残されることになります。このため、サラリーマンや主婦層等従来の利害関係集団に参画できない層の不満が拡大し、サラリーマン新党の誕生（一九八三年）、既存政党にとらわれない草の根政治運動の拡大など、新たな政治の流れを生み出した時代もありました。

（対立の操作）

第二の「対立の操作」とは、地域などの将来像に関して否定的な構図を提示し、解決策の模索に向けた行動を惹起する方法です。この方法では、実行しないかまたは不十分な実行に伴う否定的な将来像を提示し、政策議論による検証を活性化させた上で対立を解除し、解決に向けた妥協的協力を方向づけるものです。いわゆる「危機感を高め解決に導く」方法です。この方法は、危機感を投げかけることで利害関係者だけの議論から脱却し、広く国民の議論に高める機能を持ちます。

たとえば、国や地方自治体の財政再建策において、財政破綻した場合の公共サービスの劣化等、否定的な構図を提示し危機感を共有することで、耐えられる対立の領域における利害調整では解決できない大きな事業の見直し等を実施する流れを形成することです。こうした手法は、現状と将来への情報を共有することを可能にし、危機的状況を回避する手段としては有効なものの、基本的に従来の枠組みや体質から抜本的に転換することには限界があります。

（意思力の操作）

第三の「意思力の操作」とは、利害関係集団だけでなく国民全体で見てみたいと考える理想的構図を大胆に提示し、対立を克服する手段です。第二の「対立の操作」と異なる点は、否定的な構図ではなく、対立している利害関係者だけでなく、利害関係集団に関与できない国民にとっても共通して見てみたいと願う理想的・創造的な将来像を提示することで、その実現に向けて積極的に協力する流れに導くことにあります。

対立の操作では、危機を回避する範囲での取り組みはできるものの、経済社会に対して新たなイメージを形成するまでには至りません。政策を通じて配分可能な資源が制約的になるほど、意思力の操作による理想的将来像を示し対立を克服しなければならない領域が経済社会の成熟化とともに拡大しています。理想的将来像に結びつけ具体化するには、政策科学の実践とそれに基づく国民ニーズの観察・分析と創造性の発揮が重要となります。

(オレンジの分配)

理想的構図の例としては、分配のパイを拡大させることがあげられます。それは、分配する資源を拡大させるのではなく、ニーズを把握することで経済社会システムを通じた分配の効用を高めることです。「オレンジの分配」として説明されることが多い事例です。ひとつのオレンジを二人で分ける場合、半分ずつ平等に分けたところ、一人は中身を食べたかったので皮は捨て、もう一人は皮でマーマレードを作りたかったので皮を保管し中身を捨てました。分配前から、それぞれのニーズを把握していれば、一人に中身を、もう一人に皮を全て分配していれば、全体としての社会的効用は増大します。ニーズを把握することは、個々のニーズに適切に応えることだけでなく、社会的効用の充実にも結びつく取り組みとなります。

オレンジの分配の重要な点は、二人の利害を対立させるのではなく、二人の利害（ニーズ）の違いを明確にし、配分の対象を実質的に拡大させていることにあります。

6 政策の三大争点

さらに、どんな政策にも必ず存在する三つの争点があります。この争点は、政策思考において必ず認識し詰めておく必要があります。①限られた資源への認識の争点、②限られた資源の配分の優先順位に関する争点、③限られた資源の配分基準に関する争点です。

(限られた資源への認識の争点)

まず重要なのが、限られた資源への認識です。労働力、エネルギー、食糧、水、鉱物資源等に対する希少性の認識は、ほとんどの人が持っています。しかし、政策思考において認識すべき限られた資源は、これらに限定されません。科学技術とそれを支える技術者、都市運営、物流や防災などの社会システムの運営ノウハウなども重要な資源と位置づけられます。そして、究極の限られた資源が時間です。政策思考の資源配分の認識として、常に広い視野からの資源認識が求められます。

(限られた資源の配分の優先順位に関する争点)

認識した資源をどこに配分するか、その順番を決定する争点です。民間市場であれば、需要と供給の関係で形成される価格が配分の順番を決定します。しかし、政策思考では、価格に代わる絶対的価値観の形成が求められます。多様化するニーズに対する相対的価値観だけでは「あれもこれも」となってしまい、優先順位をつけることは難しくなります。優先順位をつけるためには、「あれかこれか」を判断する絶対的価値観の形成と明確化が求められます。その明確化においてひとつの理念となるのが「持続性」の概念です。持続性とは、将来の国民の選択肢を奪うあるいは制約することなく、現在の国民のニーズを満たすことです。

（限られた資源の配分基準に関する争点）

どこに配分するか優先順位が決定しても、いつ・どれだけ配分するかの基準を明確化しなければ、資源配分は実現しません。たとえば、全国画一的に例外なく達成すべき基準、すなわちナショナル・ミニマムの基準を設定して配分するか、それとも全国的に達成し維持することを期待する基準たるナショナル・スタンダードを設定するか、さらには各地域の判断に任せるかなどの問題です。

加えて、外見的・形式的均一性を重視する「平等」を基本とするか、環境や質の違いによって配分基準を考慮する「公平」を基準とするかなども大きな争点となります。政策思考の展開では、内容を組み立てる際にこうした争点も必ず視野に入れる必要があります。

7 法的思考と政策思考の融合

政策の進化において基盤となる思考は、「法的思考」と「政策思考」です。現行政策・制度のガバナンスに対する理解は法的思考を中心として展開されます。また、政策・制度見直しは、既存政策・制度と新たな政策・制度との連続性に関するガバナンス問題として、法的思考・政策思考両面の問題であり、新たな政策・制度に対する認識共有としてのガバナンスの形成にはまず政策思考が中核となります。このため、法的思考と政策思考の一体性が確保されなければ、政策・制度進化は極めて緩慢なものとならざるを得ません。

「法的思考」の特色は、

① 人為的に定められ特定の社会で実効性を持つ実定法の基準に従うこと
② 事実関係の認識と法的分析を行うこと
③ 過去の紛争を事後的個別的に検証すること
④ 白黒の二分法的思考が中心となること
⑤ 十分な証拠に基づく推論を重視すること

であり、法的思考は過去を見る性格が強いといえます。

これに対して「政策思考」は、

① 理想に向けて現在の制度に配慮するもののそれにとらわれないこと

② 将来思考的かつ包括的な視点で検証すること

③ 幅広い選択肢を発掘すること

など法的思考とは異なる特色を持ち、将来思考であることから現在の政策・制度と摩擦的性格を持ちやすい点も特色となります。

法的思考と政策思考の主な相互関係として、次の三つの視点が重要となります。

（帰納法的視点）

第一の視点は、帰納法的視点による普遍化です。法的思考は個別の過去の出来事に対する分析を通じて法的問題を発掘することであり、その問題を将来の政策や制度設計に発展させ、演繹法的に普遍化する思考が政策思考といえます。

個別の出来事をベースとして問題点を認識する帰納法的視点は、従来の政策・制度を見直すために有効性の高い接近方法であり、政策思考により個々の出来事から共通要素・類似要素などを束ねて普遍化（上位概念化）することになります。この普遍化により、一層広い領域に共通要素・類似要素を活用する応用力が育ちます。政策思考では法的思考以上に新たなルール・規範性を生み出す共通認識たる理念形成が重要となります。

（過去と将来の連続性の視点）

第二の視点は、過去と将来の連続性の視点です。公共政策の連続性を確保するため、法的思考により従来の政策・制度を踏まえた上で、それを起点としつつ新たなルール・規範性の判断を行う前提となる公共哲学的参照点を共有しつつ、新たな規範自体を形成することとなります。

（分析と評価の融合の視点）

第三の視点は、分析と評価の融合です。「分析」とは特定の出来事の構成要素を明確にすることであり、そこで明らかとなった構成要素を基本に外部環境変化等を認識し、「評価」とは一定のものさしで特定の出来事の将来の善し悪しを判断することです。政策にとっては、分析なき評価は無謀であり、評価なき分析は空虚となります。

第2章

政策の環境変化

1　人間行動の変化

政策を考える前提として、経済社会プロセスで展開される人間行動に大きな影響を与える外部環境の変化を認識し共有する必要があります。人間行動自体の変化が、政策の内容だけでなく政策情報や政策過程にも大きな変化をもたらします。様々な人間行動の前提にある意思決定の構図が変化するのに伴い、経済社会の活動を構成する諸要素、すなわち、雇用、消費、生産、教育等のあり方・相互連関性によるプロセス自体も変化します。政策思考において、人間行動とその前提となる意思決定の構図、そして、その構図に影響を与える社会環境の変化を理解することが重要になります。

今日、日本が直面している変化の背景には、超少子高齢化をはじめとした経済社会の成熟化、情報通信技術とグローバル化の進展、新興国の台頭等が密接に関係しています。

近代化の三局面

日本の経済社会の発展に関し明治時代以降、六〇年サイクルの構造的変化が生じているとする公文俊平の「近代化の三局面」の検証があります（「地域情報化をめぐる課題」湯浅良雄・坂本勢津夫・崔英靖編著『地域情報化の課題』晃洋書房、二〇〇四年）。

その検証内容を要約すると、第一の波は、一九世紀末期から二〇世紀前半の明治・大正・昭和初期の時代に生じた波、すなわち、「威」をコアとする軍事力を柱とした主権国家の波であり、文明開化や富国強兵などの言葉に象徴される時代であるとしています。いわゆる、近代国家の形成に向けて画一的な統制が行われた時代であり、政策情報や政策過程も軍事力の統制の中で画一的に展開された時代です。

産業国家としての人間行動

第二の波は、二〇世紀中頃、戦後から全体を通じて発生した「富」をコアとした産業化の波であり、民主国家の形成と経済発展の重視に政策の視点が移行した時代です。

第二の波では、軍事力を背景とした画一化の時代から、経済成長による大量生産・大量流通・大量消費の中での経済の効率化を重視する画一化に移行した時代です。第二の産業化の波は、戦後日本経済社会を支えた波であり、大量生産・大量物流・大量消費による経済効率化が経済社会プロセスで優先した時代です。

（標準化と階層化の縦型ネットワーク）

こうした経済面からの効率化の要素は、人間行動や組織に「標準化」と「階層化」を基本としつつ、「専門化」と「細分化」を進める構図を強めています。標準化とは、様々な利害関係者間の調整を効率的に行うための規格づくり、階層化とは、機能とそれに伴う責任を特定の地位ごとに割り振ることを意味します。この標準化と階層化により形成された人間の集団行動が、上位下達を基本とする縦型ネットワークや官民を問わない官僚体質、いわゆる上下関係を基本とするピラミット組織を形成しています。

加えて、標準化と階層化の過程を通じて情報格差（情報の非対称性）が多層的に形成され、上位階層が持つ寡占的情報を下位階層にいかに配分するかで権力を形成し維持する構造が生まれています。この情報の非対称性は、逆選択の構図を生み出します。情報優位者が十分な情報を劣位者に提供しない構図では、劣位者が自由な意思で行動を決定しても、そもそも限定された情報でコントロールされているため、実態としては、情報優位者が提示した選択肢の中から選んでいるに過ぎない実態を意味します。

それとともに、拡大する経済社会活動の中で利害調整をさらに効率的に行うために、縦割りの分断された領域をさらに細分化し細かい単位で利害調整する構図、すなわち「専門化」と「細分化」が形成されています。たとえば、法律の世界でも、弁護士だけでなく司法書士、行政書士、社会保険労務士など細分化された領域ごとに資格が形成され、業界が形成される構図が進みました。

縦型ネットワークを基本とする政策展開は、中央の政治・官僚層や経済界の利害調整により標準化された権限・財源・情報が地方自治体や業界ごとの民間領域に配分され、権限・財源・情報をいかに優位に獲得するかが地方自治体や民間企業経営の政治的パワーにとって極めて重要な要素とされていた時代でもあります。こうした構図は、政策情報や政策過程にも大きな影響を与えています。

情報化社会の人間行動

第三の波は、「知」がコアとなる情報社会の時代であり、今日の日本の経済社会はこの第三の波に移行しつつあります。しかし、第三の情報化の波の到来で、情報共有が分断された縦割りのネットワークを越えて急速に進展し、経済社会の諸活動が相互連関性を強める中で、権限・財源・情報などの寡占的体質が大きく変化する時代に入っています。

従来の軍事力や経済力による富が経済社会プロセスに決定的な影響を与える時代は終わり、知識や情報力を持つ者がより大きな影響力を持つ時代に移行しています。情報自体とその流れの質的変化が経済社会の様々な意思決定に大きな変化を与えると同時に、相互連関性を一層強め、そのスピードを一段と加速させる情報通信技術の飛躍的発展が政策の領域に構造的な影響を与えています。具体的には、

① 行政と民間、文系と理系など経済社会の縦割りの垣根にとらわれない水平的情報共有により意思決定と行動の領域を拡大させ、細分化した専門領域の融合が求められること

② 公共政策領域を官僚等特定層の寡占的位置づけから開放的位置づけへと移行する流れを、民間化、住民参加や情報公開の充実とともに形成していること

③ 水平的情報の共有領域拡大と共有速度の速まりにより、政策情報の共有過程が変化し、政策形成の階層的プロセスに影響を与えると同時に、そのことが道州制、大都市制度や地方分権、圏域の議論な

ど、国・都道府県・市区町村の三層行政構造の見直し議論にも結びつく流れを形成していること

④　財政赤字拡大に伴う財政資金調達の多様化と金融自由化が加速し、政策への不確実性への認識とリスク管理に向けた視点の重要性を著しく高めたこと

⑤　情報通信技術の発展による大衆情報化社会の深化が政策に対する個々の主観的感覚の影響力を高め、政策の複雑な争点を単純化して受け止める傾向を強めたこと

などが指摘できます。最後の⑤の「情報通信技術の進展による大衆情報化社会の深化」は、地域の開かれた民主主義の充実に向けて極めて重要である反面、政策議論への参加者が個々の主観的感覚を中心とした主張を繰り返す機会を拡大し、混沌とした近視眼的な政策を繰り返す構図を深めた点に留意する必要があります。

2 政策視点の質的変化

内発型政策・リージョナリズム

情報通信技術の進展による情報ネットワークの飛躍的進化は、グローバル化とともに情報が極めて速いスピードで様々な縦割りの垣根と階層を越えて共有され、地域の経済社会プロセスにも大きな影響を与えています。そのことは、

① 国内の経済社会のエンパワメント（活力）を多様化させ、様々な活動に伴うリスクの相互連関性の適切な把握と配分を政策に求めるようになったこと

② リスク対応のセイフティ・ネット（安全装置）として、地域政策とグローバル政策の融合を求める流れを強めたこと

などから指摘できます。グローバル化に対応しつつも翻弄されない地域づくりには、従来の国による標準化された枠組みとそれに依存した地方の政策展開だけでなく、地域資源を個性的に自ら活用し多面的な高付加価値化を目指す政策の視点、すなわち地域に根ざした価値を引き出し拡充すると同時に、地域の欠点を克服するリージョナリズム（地域主義）の視点が重要となります。

（エンパワメントの姿）

産業国家と情報社会の違いは、エンパワメントの姿にも現れます。前者の産業国家では、標準化と階層化による中央集権体質の中で、地方は中央からの外部要因を取り込み、それに合わせることで地域内部の力を最大限に発揮する外発型エンパワメントの時代でした。これに対して、後者の情報化社会では、自ら活力を生み出す内発型エンパワメントを可能とし必要としています。外発型エンパワメントだけでは、外部が提示する環境や条件に地域が合わせることで経済社会活動を展開するため、差別化された付加価値の形成や地域によって異なる欠点の克服を自主的に展開することが困難となります。

内発型は、グローバル化（地球化）とローカル化（地域限定化）の混成語である「グローカル化」とも表現され、地球規模の視野を持って地域にある資源を生かし、地域の所得循環を少しでも厚くする視点を重視します。地域の視点から地球や国を創造する内発型エンパワメントが政策領域でも重要となっています。

また、リージョナル化の進展により地域の異なる資源による特性間の競争が展開されると同時に、相互に異なる資源が結びつくことにより、付加価値の高い特性を新たに生み出す可能性を高めます。そして、リスクに対して補完し合う地域間の持続性に向けたセイフティ・ネットが形成されます。ナショナル・ミニマムとして国が担保する画一的なセイフティ・ネットに加え、多層型セイフティ・ネットが形成されます。地域間の特性による競争は、選択と集中の要因となります。一方で、過度な競争の結果としての一極的集中は、大都市部、非都市部を問わず地域間の持続性に向けた相互連携のセイフティ・ネットを失わせる要因となることにも留意する必要があります。

地域的差異

超少子高齢化、グローバル化の速度と深度は、地域によって大きく異なり、地域の受けるインパクトの違いを静態的だけでなく時間軸とともに動態的に認識し、そのタイムラグ（時間的ズレ）等を相互に活かせる政策視野が重要となります。

たとえば、日本全体の高齢化率が上昇するのとは異なり、基礎自治体単位では二〇三〇年代以降も六五歳以上人口が増え続けるのは大都市圏が中心となり、むしろ非都市部では六五歳以上人口が減少局面に入る地域も多くなります。

こうした動向の違いは、高齢化政策の必要度や優先度が量的面を中心に基礎自治体間で均一ではないことを意味します。大都市部では社会保障負担が急激に増加し、高層マンションの限界集落化への対処など、防災面も含め生活に影響を与える反面、非都市部では地域を支えてきた年金所得等が限界的になり、生産年齢人口や若年層に的を絞った新たな所得戦略が必要となるなどの現象をもたらします。

さらに、国境を越えた地域間グローバル競争の激化は、情報通信、電子機器等先端産業の誘致に補助金や減税策をセットにして展開してきた優遇型地域産業政策の持続性への限界を明確に示しています。外発型エンパワメントにグローバル化が重なり合い、激しいコスト競争と技術開発競争の中で民間企業の資本投資や技術移転など国内外を通じた流動化を生み、地域政策の持続性に対する不確実性を高めています。

民間企業に地域が合わせる優遇型だけではなく、地域が本来持つ資源に合わせた産業を戦略的に育成・立地させる内発型エンパワメントによる戦略が、地域の持続性確保に向けて今まで以上に重要となっています。そのためには、既存の優遇型で誘致した産業も巻き込みながら、その産業に結びつけられる地域資源は何か、また地域の優位性を担保できる地域資源の組み合わせは何かを、民間企業やＮＰＯなども含め地域全体で検討する姿勢が地方自治体には求められます。さらに、単独の基礎自治体の視野で政策思考するのではなく、周辺地方自治体も含めた地域資源を認識し、圏域単位で組み合わせる視野も必要となります。

そして、リージョナル化の充実による政策形成では、国からのトップダウン型情報の有用性は相対的に低下し、地域の細かいメッシュ情報の集積とその活用を地方自治体も重視する情報基盤づくりが地域政策の戦略性を高めることになります。この情報基盤づくりでは、圏域の地方自治体単位で情報の項目や単位を揃えるなどの取り組みも重要です。

3 政策の複合化

経済社会プロセスの構造的変化と相互連関性の深まりに対応する政策の実効性を確保するには、政策をめぐる複合的視野とその融合によるネットワークの重視、そして政策の不確実性、リスク管理への対応を可能とする政策耐久力の形成が、重要な課題となります。

複合的視野と融合の必要性

政策耐久力の形成に求められる第一の課題は、複合的視野の形成とその融合です。相互連関性とは、経済社会プロセスの要因同士が密接に関係し、相互に影響を与える中でその活動を維持している状況を意味します。経済問題、財政問題、金融問題、社会問題、環境問題、技術問題等あらゆる問題が相互連関性を強め、ひとつの視点や領域だけから経済社会の諸課題を整理し解決することが難しく、分断された視野の政策の有効性を低下させる実態を意味します。複合的視野とは、

① 問題解決に対して経済社会全体を通じて縦割りにとらわれない広くて長期的な視野
② 領域間で発生する不確実性を認識する積極的視野
③ 特定領域や特定利害関係者を政策思考の最初から除外しない倫理性の高い視野

を持つと同時に、視野を束ねただけでなく、共通要素を抽出し体系化する努力を積み重ねる視野を意味します。

戦後の経済社会の発展では、経済成長とともに縦割りのネットワークによる標準化・階層化、そして専門化・細分化を進めてきました。それに伴い、政策に対する視野も、利害関係調整の効率化などの面から専門化・細分化が進むことで断片的となりました。融合に向けた領域間の共通要素・類似要素などへの認識が劣化することで、経済社会の変動要因に対する考察が不足し、リスクへの対処も難しくしています。

政策のネットワーク化

（ネットワークの構図）

ネットワークとは、「節」と「経路」から構成される流れであり、節と経路をいかなる構図で構成するかによりネットワーク全体の性格が異なるものとなります。従来の専門化・細分化された単位である「節」、すなわち、経済、福祉、環境等の分野ごとの検討を進めて、「節」を結びつける「経路」の検討や相互連関性に関する検討が劣位となると、様々なリスクへの対応力も劣化する構図を生んでいます。

経済社会構造が大きく変化する時代を迎え、専門化・細分化した節（行政、企業などの主体）の抱える課題が深刻化し、「社会的相互連関性」の検討とそれによる「現実問題への解決能力」の向上が政策思考において重要な課題となっています。

たとえば、政策を法学、経済学、工学等基礎学の応用分野として位置づけた場合、政策の実態は既存領域の縦割りにより分断され法政策、経済政策、技術政策等の分野ごとに専門化を深める構図にならざるを得ません。こうした専門化・細分化の深まりは、政策としての専門領域ごとの「節」（分野）の充実には資しても、課題に対する政策の「経路」（関係性）として考察を難しくします。節たる既存専門分野だけではなく、分野間をつなぐ経路を対象とする視点の充実が必要となっています。

政策ネットワークの視点では、単一の視点・アプローチではなく、横断的・構造的な視点・アプローチが必要となります。しかし、現実には、官民を通じた官僚体質に象徴される縦割りの組織などの中で、分野ごとの断片的視点・アプローチでの検討が中心となっています。こうした政策形成プロセスの変革は不可欠ですが、すぐに変革することは困難であり、縦割りで形成した政策の特性を認識し、そこに潜む課題を意識することで政策の質の進化につなげることがまず重要となります。

〈縦割りの視点〉

縦割りの視点によるアプローチから生み出される政策体系が持つ特性として、次のことがあります。

① 本来は明確な目的を所与とした最適化が議論の課題となるべきが、政策形成の目的や価値規範が不明確でそれを明らかにすること自体が議論の中心課題となることが少なくないこと

② 目的のほとんどは複数の価値・視点を含み単一的明確化が難しいこと

③　問題自体が利害関係者間の調整を含んだ内容になりやすいこと
④　政策が階層化の中で目的と手段の多層的組み合わせで切り離すことが困難な存在として認識され、目的・手段・分析の妥当な流れに制約が生じること
⑤　良い政策の決定基準は最適な手段ではなく、より多くの利害関係集団が同意できる「満足化」の状況に求められがちであること
⑥　目的や手段の集合は網羅的ではなく、縦割りの分断された利害関係集団の視野で部分的に認識され比較されることが多いこと
⑦　政策は、様々な不確実性を抱えていることへの認識が希薄なこと
⑧　意思決定は分析ではなく、利害関係集団間の判断に大きく依存していること
⑨　政策の執行面での利害関係集団間の調整問題が不可欠であること
などです。

（縦割りの政策思考）

以上の特性に加え、従来の縦割りによる政策思考の課題としては、
①　分断された組織や領域ごとに問題を狭く定式化する傾向が強く、このため、利害関係と認識されない領域が空白となりやすいこと

② 分析が断片化しやすく、具体的方法論が欠如しやすいこと
③ 事実に関する知識、試論、疑わしい仮説等様々な要素が混然としていること
④ 政策思考や政策決定プロセス、政治自体の重要な特徴が無視される傾向にあること
⑤ 資源の制約を無視する傾向があること
⑥ 基準が曖昧なため、流行に支配される傾向が強いこと

などがあげられます。

以上の結果、本来、横断的な性格の地域問題を一次元の平面的イメージでとらえやすく、問題を歪めて有効でない結論をもたらすことも少なくありません。

縦割りの特性を認識することは、自らの政策思考自体の課題検証を可能にすると同時に、国や地方自治体の政策内容から、その作成に関与した人間行動の特色・課題を発掘することで本質的な課題を認識し、政策や組織の進化にも結びつけることが可能となります。

地域のネットワーク化

政策の耐久力形成に関して視野や思考のネットワーク化とともに、第二に求められるのが地域そして地方自治体間の連携によるネットワーク構造の充実です。人口減少と超高齢化が進む中で、単独の市区町村・基礎自治体で完結する生活・経済活動は極めて限られるほか、公共サービスの面でも単独の基礎自治体だ

けで提供し持続性を担うには限界があり、複数の地方自治体が連携して担う仕組みの充実が将来に向けて不可欠となっています。

（従来からの地方自治体間連携）

従来も地方自治体間の連携の仕組みは展開されてきました。具体的には、

①　任意協議会
②　一部事務組合
③　広域連合

等です。それぞれの特色は、次のとおりです。

①の任意協議会は、自主的かつ法的な拘束力を受けない任意の協議会・研究会を設置し、地方自治体間の参加・連携を行う形態であり、各地方自治体の単費事務事業（国・県等補助事業外）に適するほか、民間企業等多様な主体と連携する事務事業でも有効性を発揮してきました。

②の一部事務組合方式では、事務の一部を処理するため複数の地方自治体が共同組織を設置し構成自治体から独立した位置づけとなり、独自の議会・執行機関が設置されます。

③の広域連合は、事務を広域的に実施するため、複数の地方自治体が共同して設置する形態であり、直接公選・間接公選で独自の議会・執行機関が設置されます。一部事務組合との違いは、広域連合では、各構成

自治体を経ずに国や都道府県等から直接権限移譲を受けることが可能であること、事務執行上必要な事項を構成自治体に勧告等ができること、必要な規約変更を構成地方自治体に要請できることがあげられます。

さらに、圏域を視野に入れた政策としては、④定住自立圏構想や⑤地方中枢拠点都市圏の形成があります。④の定住自立圏構想は、圏域全体として必要な生活機能等を確保するために設けられた連携制度であり、⑤の地方中枢拠点都市圏の形成は、「過疎集落等の維持・活性化」「定住自立圏構想の推進」を越えてさらに政令指定都市や新中核市等をハブにして、経済成長の牽引、都市機能の集積、生活の向上を目指し連携協定の導入、先行モデルに対する交付税等支援措置によって推進する制度となっています。

このように、従来も地方自治体間での連携を推進する努力が展開されてきました。

（政策連担）

しかし、今後求められる地方自治体間連携の仕組みは、個別事業だけでなく政策を圏域で形成し実施する「政策連携」の本格化です。その上で、構成する各地方自治体がそれぞれ役割を分担しつつ結びつく「連担」のネットワークを構成することも重要となります。

各基礎自治体が重複した事業や政策を展開するのではなく、医療、福祉、安全・安心等核となる役割をそれぞれ分け合い、相互に担い圏域として結びつく仕組みです。この圏域を中心に地産・地消的な経済的循環構図を厚くすることで、グローバル化に対する地域の耐久力を充実させます。

（内部事務の共同設置と事務の代替執行）

同時に、地方自治を支える行政機関の職員構成のピラミッドをいかに将来に向けて安定的に構成するかも重要となります。単独の地方自治体ごとにフルセットで業務を担う職員構成を確保することは、生産年齢人口が急速に減少する中で都市部も含めて不可能となっています。二〇一一年の地方自治法改正で導入された「内部事務の共同設置」は、特別地方公共団体の設置手続の煩雑さと事務の委託におけるサービス提供方法の不安定性等の課題を解消するため、機関等の共同設置の制度拡充により実現した仕組みです。

また、事務の委託による執行権限の委譲を伴わない状態で、事務の管理執行を他の地方自治体に委ねることができる「事務の代替執行」という制度も、二〇一四年の地方自治法改正で導入されています。同種・類似のサービスを実施している分野の場合、行政機関の人的資源の制約の面からも連携する構図が大きな選択肢となります。

（議会間連携）

連携・連担の際にさらに重要となるのは、議会間連携です。議会は、単に行政をチェックするだけの機関ではなく、地域の民主主義を育てるとともに政策を形成し進化させる役割をも本来は担っています。このため、地方自治体の行政区域に止まるのではなく、住民の経済社会活動の循環に目を配り、複数の地方自治体をネットワーク化した圏域での政策展開の視点を議会も重視する必要があります。

たとえば、自治財政権は、地方自治の根幹を支える原則です。地方自治体の財政は、自らの地方自治体の住民からの税収で賄い、その効果は住民に帰着することを原則とします。こうした原則を形式的に貫けば、他の地方自治体との連携で他の地方自治体にも効果が直接帰着する財政支出を行うことには議論が生まれます。しかし、行政区画で議論することが有効な政策領域と、行政区画で議論せずより広い「圏域」といえる視野で議論すべき政策領域を分ける必要があります。現代の経済社会活動は、単独の地方自治体の行政区画で完結することはなく、所得循環の範囲も単独の行政区画を越える範囲でほとんどが形成されています。形式的な行政区画に限定することなく、最終的な政策効果が自らの地方自治体の住民に帰着することが検証できるのであれば、広い視野から政策を思考する姿勢が求められます。圏域としての所得循環構図の形成に向けた視点となります。

（コミュニティによる補完）

なお、政策は、「市場の失敗の補完」という側面を持ちます。資本主義の市場は、景気変動を伴い、競争関係の中で所得格差なども拡大させる側面を持っています。こうした市場の失敗を政策が補う機能を持っています。一方で、政策も既得権の硬直化や行財政の肥大化、行政コストの増大、行政経営の非効率化などの失敗をもたらします。こうした政策の失敗を、民間の視点や市場機能が補完する役割を果たします。政策と市場は、相互に失敗の要素を持ち、相互に補完する関係となっています。

ただし、災害時等で認識されたように、一時的でも、政策・市場ともに機能せず失敗状態に陥ることがあります。そうしたときに、地方自治体を支えるのは地域のコミュニティであり、コミュニティのネットワークは最終的なセイフティ・ネットといえます。

「覗き見コミュニケーション」という指摘があります。もちろん、個人の秘密や私生活を悪意で覗き見することではなく、ゴミ出しや郵便箱、生垣など日常生活で普通に目にする状態から隣人を意識することでコミュニティを通じたセイフティ・ネットを形成することです。日常時でも政治や市場が機能しづらい部分でコミュニティが果たしている機能といえます。

なお、コミュニティとは本来は「同志の集まり」を意味します。このため地域のコミュニティだけでなく、趣味のコミュニティ、仕事のコミュニティなど様々な形態が存在します。自治会・町会等の地域コミュニティが超高齢化などで空洞化する中で、様々な形態のコミュニティが多層的に形成されることが重要となります。

〈アソシエーション〉

防災・子育てなどテーマを基軸として活動するアソシエーションも、同志の集まりたるコミュニティの一類型であり、ＮＰＯ活動の高まりにより重要性を増しています。アソシエーションで顕著に発生しがちな課題として、他のアソシエーションと情報が連携されず、自らの実施事業の位置づけを認識していないことがあります。この場合、他のアソシエーションの実施する事業との重複や公共サービスの空白を生み出すことにつながります。こうした点を克服するには、地方自治体が地域コミュニティやアソシエーションが担う公共サービスを特定し、空白が生じる公共サービスについて、どのように対応するかを常にモニタリングすることが求められています。

官民連携のネットワーク化

（指定管理者制度の本質）

政策耐久力のためのネットワーク化は、さらに地域だけでなく官民連携においても重要となります。たとえば、二〇〇三年の地方自治法改正で導入された指定管理者制度は、公民館、児童館等地方自治体の広範な施設で導入されています。本制度は、地方自治体やその外郭団体に限っていた公の施設の管理・運営を、株式会社等の営利企業や一般財団法人、NPO、市民グループなどの法人や団体による包括的代行を可能にする制度であり、行政法的には行政処分として展開され、従来の委託とは明確に区別される位置づけにあります。

指定管理者制度は、地方自治体が定める条例に基づいてプロポーザルや総合評価方式などで管理者候補の法人や団体を選定し、地方自治体の議会議決で最終的に選ばれた管理者に管理運営委任をすることになります。指定管理制度導入で民間手法を用いて、弾力性や柔軟性のある施設の管理・運営が広がっていることは事実です。さらに、制度導入後、実務に合わせた見直しも進められ、地方自治法第二四四条により当該施設の利用に際して料金を徴収している場合は、得られた収入を地方自治体との協定の範囲内で管理者の収入とすることができるなどの機能充実も図られています。

（指定管理者制度の課題）

導入から一〇年以上が経過する段階で、指定管理者制度に関する課題も指摘され、地方自治体や民間主体両面で議論となることも少なくありません。主な課題として、次のことがあります。

①　指定管理導入において予算や職員の削減等行政改革の面が実質的に強調されやすく、この結果、コスト削減が優先し民間事業者として連携する利点が低下していること

②　弾力性や柔軟性のある施設運営が期待されるものの、地方自治体の条例・施行規則、従来からの管理型思考等により運営が硬直的になる実態があること

③　指定管理期間は、選定された法人・団体が継続的に管理・運営できるものの、指定管理期間経過後、継続性が保証されず施設運営の持続性が担保されない場合があること

④　地方自治体と指定管理者間の情報共有等連携が不十分な場合、公の施設を通じたサービス提供の質に影響を与えると同時に、当該サービスを支える人的資源の育成が不十分となること

（指定管理者制度課題への対応）

以上の課題を考える前提として、次の点を踏まえる必要があります。

①　指定管理者制度を導入することは当該施設のサービスを民営化することではなく、あくまでも公共サービスとして位置づけながらその提供を民間法人等に委ねる仕組みであり、最終的に公共サービスの提供の持続性確保の責任は地方自治体にあること

②　指定管理者制度の導入により単純に行政のスリム化が実現すると考えるのは適切ではなく、むしろ、新たな制度の質的確保・持続性を担保するための新たな人材の形成が必要となることを地方自治体は認識すること

③　指定管理者制度導入後の指定管理者との情報共有には十分に配慮し、指定管理者とともに公共サービスの提供について考え行動する姿勢が地方自治体には必要なこと

④　指定管理者制度の課題として指摘される事項の大半は、地方自治体の指定管理者に対するモニタリング機能が十分に発揮されていないことに起因する場合が多く、指定管理者とともに公の施設から提供される公共サービスの質を維持し向上するためのモニタリング機能を生み出す努力が必要となること

⑤　指定管理は対象となる公の施設から提供される公共サービスの性格によって多様であり、具体的な契約内容を画一的に行うことは必ずしも適切ではなく、モニタリング項目も含め提供する公共サービスの質に合わせて多様化すること

⑥　地方自治体の職員は定期的に人事異動することが多く、地方自治体の組織全体として指定管理者制度の理解とノウハウを高める人材育成が組織的に必要なこと

加えて、地方自治体と指定管理者間の情報共有と協働姿勢を高めるために、運営や財務に関する定期的な情報共有の場を開催することはもちろんのこと、情報通信技術を活用したリアルタイム情報の蓄積と分析、地域の利用者である住民の継続的なチェック機能を組み込むとともに、住民・ＮＰＯ等もモニタリングや運営に関して「共に考え、共に行動できる仕組み」を組み込むこと、地方自治体及び第三者機関による指定管理者への監査等の体制を整えること、導入時においては委託的要素の組み込みをはじめとして地方自治体職員の訪問・常駐など指定管理への理解を深める体制を整えること、など多くの選択肢が提示されています。

（民間委託のガバナンスの課題）

指定管理者制度に比べて、より密度の高い行政からのガバナンスを求められる民間委託にも大きな課題があります。地方自治体では、厳しい財政状況下で職員数の削減を図る中、質の高い公共サービスを効率的に提供するため、広範な分野で民間委託が進められています。その中には、民間委託時の法令遵守体制に問題のある事例や業務ノウハウが維持・確保できない事例等、本質的課題事例が散見されています。具体的に自治体業務の窓口業務を対象とした民間委託の考え方を整理すると、次の点がポイントとなります。

①　交付決定等の「判断」は公務員が実施すること
②　「判断」以外の付帯作業は民間委託可能であるが、請負契約の場合は公務員からの直接指示は禁止（業務責任者との定期打合せは可能）とすること

③　公務員と事業者従事者の交わりは限定すること

①～③の考え方を踏まえ、自治体業務の流れと事業者との役割分担を構築すれば、民間委託の適法性の基礎は確保されます。

この役割分担を適切に構築するには、「担い手最適化」を図ることが必要となります。担い手最適化とは、地方自治体業務に関する処理・執行プロセスを構成要素・工程ごとに段階的に分解し、各段階の行動を、「専門性（高・低）」の軸と「定型性（高・低）」の軸の観点から整理する取り組みです。この分析によって、専門非定型業務は正規職員、専門定型業務は民間委託・嘱託職員・再任用職員、単純非定型業務は嘱託職員・臨時職員、単純定型業務は民間委託・臨時職員など業務の類型化を行い、民間委託に関する業務と人員の配置の最適化を図ることが重要な選択肢となります。

政策思考において観察に続いて重要なプロセスとなる「分析」があります。分析は、観察した事象を構成している要素に分けることです。そして、分けられた要素間の共通事項、類似事項、相違事項を認識し、新たな資源配分等の枠組みをイメージする段階にあります。ここで紹介した「担い手最適化」も、業務に対する観察・分析の思考により、より良いイメージを形成するひとつといえます。

（民間委託課題への対応）

窓口業務以外にも地方自治体では様々な民間委託が展開されていますが、各部門が個別に民間委託を行っており、統合的にガバナンスを確保する仕組みが構築できていないのが現状です。この点は、前述した指定管理者制度においても同様です。

たとえば、地方自治体の情報システム分野では、民間委託が広範に取り入れられており、ガバナンスの確保が極めて重要な課題となっています。そのため、地方自治体の情報システム分野では、Chief Information Officer（ＣＩＯ：最高情報責任者）やＣＩＯ補佐等の人材を確保し、ＰＤＣＡサイクルを確立する取り組みを進めています。こうした取り組みは、水平連携の横型ネットワークの重要性が高まる一方で、縦型ネットワークのガバナンス機能の劣化が進んでおり、それへの対処が重要となっていることを意味しています。同様の問題は、情報システム分野以外の業務における民間委託でも生じています。縦型ネットワークの統合的ガバナンス機能の劣化に対しては、縦型ネットワークの構成要素である「標準化」の質の向上が求められます。

民間委託を継続的に行えば、地方自治体のノウハウは民間事業者に移転し、新たなノウハウの蓄積・活用が地方自治体側では困難となります。この困難化は、民間委託に関する形式的知識情報の標準化と非形式的知識情報の標準化によって克服する必要があります。形式的知識情報とは、業務手順書など言語によってマニュアル化することが可能な業務ノウハウであり、民間委託においても、少なくとも業務終了時に受託者である事業者が作成し、委託者である地方自治体と共有する仕組みづくりが不可欠です。

一方で、言語によるマニュアル化等が困難な非形式的知識情報については、指定管理、民間委託を問わず官民の協働による定期的な体験的共有、そして、地方自治体と民間の官民連携のガバナンスをどのように再構築するかが極めて重要な課題となっています。

リスク管理の政策耐久力

（不確実性とリスク）

政策耐久力のための第三の優先的課題は、不確実性、リスク対応を踏まえた政策マネジメント（管理）の形成です。政策は、現在と将来をつなぐ取り組みであり、そこには予期しない変動が当然存在します。このため、形成した政策を本来の目的に向けて政策理念を踏まえつつ実効性を確保していくためには、様々な不確実性とリスクに対してのマネジメント機能の確立が必要となります。

なお、不確実性とは、起こるか起らないか分からない発生確率も認識できない状況をいいます。これに対して、リスクとは、統計的分析などによって将来発生する出来事の生起が一定の確率を持って把握可能な場合をいいます。

（政策耐久力）

政策耐久力とは、現行の制度や手段に固執せず、リスク変動が激しい中で政策目的を実現する行動志向型マネジメント機能を意味します。外部環境・内部環境ともに従来の政策が考慮しなかった状況変化に対して、いかに対応するか、その選択肢を事前に行政経営の中に組み込むことが核となります。

もっとも重要な点は、状況変化への対応の内容を事前に認識する点にあります。主観的・楽観的にリスクはないと考えるほど、リスク発生からのダメージは大きくなります。ダメージが生じる度に個別に政策を形成し実施することは、政策のラグ（政策をめぐる認識・決定・執行・効果に関する時間的ズレ）の発生と、それによる政策体系としての不整合の高まりからリスク自体をむしろ拡大させる要因となります。不完全でも将来の変動要因を認識し共有することで、形成した政策が決定的な機能不全に陥ることを回避し実際に受けるリスクからのダメージ、すなわちマイナスの影響を軽減し、政策対応として生じるリスクをコントロールすることが政策分野では今まで以上に重要となります。

将来の状況の中で発生する確率が比較的把握可能で、組織や地域に対する影響度が大きいリスクに焦点をあて、それが発生した場合にいかに対処するかの選択肢を事前に共有するとともに、時間軸の節目ごとに継続的見直しを展開することです。こうしたリスクへの対応と節目での見直しでは、

① リスク事項の認識（将来起こりえる事態の列挙、影響度の見積もり等）
② リスク対応開始時期の判断軸の提示（不測事態の発生を認識するシグナルの列挙、シグナルの認識に対する措置の明確化等）
③ 対応のための選択肢の明示

などが柱となります。

（リスク事項の認識に向けた地方自治体のリスクの例）

地方自治体を取り巻くリスクの例を示すと、

①　地域経営リスク

②　行政経営リスク

③　災害リスク

などに分ける方法があります。

①の地域経営のうち大きなリスク要素は、人口減少リスク、少子高齢化リスク、グローバルリスクです。これらの要素が変動幅を伴いながら、徐々に②の行政経営リスクに影響を及ぼします。

②の行政経営の主なリスク要素は、財政リスク、人的資源リスク（採用・スキル形成・組織構成）、情報リスク（ガバナンス・モニタリング）、政治的リスク、法的リスクなどがあげられます。

③の災害リスクでは、地震・火山噴火・風水害・異常気象・伝染病・生物異常発生などがあげられ、突発的に発生し、①の地域経営リスクと②の行政経営リスクに大きな影響を及ぼします。ただし、災害リスクについては、一般的には不確実性事項として位置づけられます。しかし、国や地方自治体の場合、発生確率は不明確なものの発生確率に関係なく常に地域のセイフティ・ネットとして対処すべき事項であり、

常に一定の確率で生じるリスク事項として認識することが重要となります。

リスク事項の分類は以上に限定されず、経済的リスク・非経済的リスク、主体的リスク、関係的リスク、積極的リスク・消極的リスクなどがあるほか、国や地方自治体でリスク間の相対的重要度も異なります。政策に関する一番大きなリスクは、リスクを思考する視点を固定化してしまい、新たなリスクを認識しないことです。様々な視点からリスク要因を洗い出し、発生確率と影響度をイメージした上で、リスク対応開始時期の判断軸の提示（不測事態の発生を認識するシグナルの列挙、シグナルの認識に対する措置の明確化等）と、対応のための選択肢の明示を行う必要があります。①の地域経営リスクのうち、人口減少リスクや少子高齢化リスクは過去から顕在化していたものの、シグナルに対する措置の明確化や対応のための選択肢の明示が遅れたことにより、現在では深刻な②の行政経営リスクに影響を及ぼしている典型的事例となります。

意図した変化

行政を取り囲む環境が大きく変化し続ける中で、行政組織や官民関係はもちろんのこと、政策をめぐる機能も構造的に変化する必要があります。しかも、単なる外部環境に合わせた受け身の「意図せざる変化」ではなく、「意図した変化」に導くことが重要となります。行政改革や民間化政策も単にコストを一時的に削減・抑制する効率化等の機能だけでなく、行政の権限と責任の組織的体系を再構築し、新たなガバナンス構造と人間行動を形成するツールとして位置づけ機能させることが重要です。そのことが政策の循環構造と連携する中で政策や制度を進化させ、地域の持続性確保を現実のものにします。

（制度進化に向けたガバナンス）

制度の進化に向けたガバナンス態様は、

① 既存の政策・制度における行動ルールへのガバナンス

② 政策・制度見直しを推進する際の行動ルールへのガバナンス

③ 見直し後の新政策・制度に対する認識共有を図るためのガバナンス

の三形態に分けられます。

三形態のうち一般的にガバナンスの言葉は、①の「既存の政策・制度における行動ルールへのコントロール」の意味で使われることがほとんどです。たとえば、通常の効率化の取り組みは、従来の政策・制度における行動ルールの基本的枠組みを維持しつつ、財政負担の軽減の視点で展開されることが中心となります。これは、従来の政策・制度における行動のルール化を「改善」する取り組みであり、従来の枠組みを維持しつつ、職員削減、外部化等既存制度のスリム化を中心として導入が図られています。

このため、無駄の改善は可能でも、新たな枠組みの構築までは意図しないため、効果が一過性に止まり、既存の枠組みとのアンビバレンス（両方価値）な対立構造の中で矛盾を深刻化させるケースも少なくありません。その結果、方向性を自ら明確にした意図した変化ではなく、環境変化を受け身で受け止める意図せざる変化に陥ることもあります。

たとえば、人員削減、住民や民間企業等とのパートナーシップ等外部化の展開、そして地方自治体間連携も、行政の権限と責任体系の再構築が伴うことにより組織的対応力が形成され、環境変化への持続的耐久性が高まり成果も大きくかつ持続的なものになります。権限と責任の再構築を伴わない取り組みは、一時的にコスト削減の成果を生み出すものの、外部環境変化に合わせることに止まるため、組織的対応力自体に大きな変化はなく、再度の変化に対しての耐久力が弱い結果となります。

こうした課題を克服するため、従来の政策・制度の行動ルールとしてのガバナンスではなく、意図した変化を生み出すため、②「政策・制度見直しに関する行動のルール化」と③「新政策・制度における認識共有」を重視し、新たなガバナンスを形成することを同時並行的に進めることが、政策や制度の進化には不可欠となります。「従来政策・制度における行動のルール化」と、「政策・制度見直しにおける行動のルール化」・「新政策・制度における認識共有」の三者のつなぎ手となる重要な位置づけにあるのが政策サイクルにおける評価の機能となります。

X非効率

たとえば、国や多くの地方自治体では、職員数の削減による組織・業務の最適化に努力してきました。

しかし、人件費、職員数等表面的な数値による最適化を求める意思決定を行い、民間化等も含め行財政のスリム化を実現しただけでは、行政の効率化、そして住民の利便性を現実に最大化することは難しい状況にあります。なぜならば、政治や行政の中の意思決定や行動では、認識されない「見えない非効率」を残しながらスリム化の取り組みが進行するからです。予算額や人員数等を削減しても、従来展開してきた意思決定や行政の中の人間行動のプロセスに潜む「見えない非効率」を温存し続ければ、行き着く結果は「努力しても報われない実態」となります。

見えない非効率は、日常、ルーティン的に実施してきた当たり前と認識している領域や、無意識化している領域に多く存在します。新たな制度の導入も導入過程、そして既存の見えない非効率を抱えたままでは合成の誤謬を発生させ、期待した効率化は実現しません。その結果、効率化に努力するほど行政の組織・機能が苦しくなり、スリム化努力が住民の利益に結びつかない実態をもたらします。「見えない非効率」を掘り起こし排除することが必要となり、この掘り起こしにおいて、重要なトリガーとなるのが、行政とは異なる民間化の視点であることは間違いありません。

ここで指摘する民間化とは、民間組織体に公共サービスを委ねること自体ではなく、委ねたことを通じて民間の発想や視点を行政組織内に取り込み実践することを意味します。形式的な目標管理ではなく、そのプロセスの中に組み込まれたノウハウを公的部門も吸収し、民間の異なる視点から自分達の「当たり前」を再発掘することです。

（「一：二九：三〇〇」の原則）

さらに、マネジメントに関して「一：二九：三〇〇」の原則があります、ひとつのミスや問題が生じた場合、その背後には二九の認識できる問題点があり、二九の問題点の背後には三〇〇の認識が難しい問題点（いわゆる「X非効率」）が存在しているという意味です。

組織で何かひとつのミスや問題点が発見されたとき、それは、行為者のひとつの原因から導き出されることは希有であり、多くの場合には複合した組織的人間行動が原因となります。ひとつのミスを組織内で精査することで、さらに認識可能な二九の問題点が存在することを示唆します。そして、二九の認識可能な問題点を認識するだけでは止まらず、さらに三〇〇ともいわれる深層部に至る日常化し無意識化したX非効率を本格的に発掘しなければならず、組織内だけの視点では困難性を伴います。

この三〇〇の日常化した認識しづらい問題点・X非効率を放置し続ければ当然、組織に内在した病巣の本質は残されたままとなり、同じミスを繰り返して発生させる結果となります。もちろん、二九や三〇〇といった数値は目安に過ぎません。表面的な問題点に目を奪われそれに止まることなく、人間行動として問題点を掘り起こす姿勢が必要です。日常的に、発掘困難な三〇〇の問題を外部の視点等を取り入れつつ、継続的に発掘し見直している組織は、二九の問題点も減少し、結果として組織全体の効率化が進むことになります。行政評価を通じたプロセス評価でも、三〇〇の無意識化した問題点を発掘し改善しなければ、スリム化に向けた努力は逆に従来の問題点を多発させる方向にしか機能しません。

第3章

政策の科学化

1　政策基礎力の形成

第2章までで整理したように、政策の質は大きな進化を求められています。国や地方自治体等の行政機関はもちろんのこと、議会、住民も含めた地域全体での政策思考の基礎力の質が地域間競争にも大きな影響を与えます。その地域間競争の影響とは、単に産業、企業間の競争だけを意味しません。人口減と超高齢化などが進む中で、地域の人口を維持していくことは、地域、そして地方自治体の存続にかかわる大きな問題ともなっています。

地方自治体の政策展開により、地域の生活コスト自体も大きな差異が生じる可能性があります。たとえば、生活に欠かせない上下水道料金が将来に向けて周辺地域より高い水準となれば生活コストが上昇し、住民が他の地方自治体に移動する大きな要因となります。住民が移動すれば、さらに利用の減少を生み、固定費が大きく装置型の上下水道事業の一人当たりの負担を拡大させます。このため、足元の料金を据え置き、将来不可欠となる維持更新等のコスト負担を先送りすれば、設備の老朽化が進み事業の継続が確保できない、あるいは一気に大きな負担を住民に求める結果となってしまいます。こうした構造的問題を克服するには、従来の調整型だけでない、政策基礎力が地域として求められています。

なお、政策思考の基礎力は、単に政策を立案するためのものではありません。常に、地域を観察しその変化を認識し、常にいかなる解決策があるかを考え続けることで、地域への意志力、そして直観力、創造力が形成されます。

増分主義からの脱却

これからの政策のあり方を考える前段として、まず従来の政策の課題を整理し、そこから明らかとなる政策をめぐる人間行動の特性について検証します。

（増分体質とは）

第一の課題は、増分体質からの脱却です。産業国家の時代に形成された右肩上がり時代の政策体質からの脱却を意味します。戦後日本の右肩上がり経済社会を背景とした政策展開は、「増分体質」と呼ばれる特性を持っています。増分体質は、将来の公共政策の姿を過去の政策の延長上に捉える方法であり、日本の右肩上がり経済を背景とした政策展開の代表例です。

増分体質の考え方は、政策を「逐次的・制限的方法」として展開する点にあります。増分体質では、現実が抱える課題の特性と状況の複雑性を政策思考の前提として位置づけ、その位置づけを前提に、それと両立する範囲でのみ新たな政策選択肢の検討を試行錯誤します。このため、従来からの政策内容が政策形成過程で先行的に正しいものとして位置づけられるため既存政策の継続性がまず優先し、その上で利害関係調整過程で受入れ可能な範囲で新たな政策選択肢を選ぶ流れとなります。すなわち、既得権の維持を優先し、従来から用意されている選択肢の中から漸進的に許容される政策を選好する「引出し型政策」（引出しの中にすでに用意された衣服（政策選択肢）の中から選ぶこと）となりやすいことを意味します。

（満足化原則）

増分体質の場合、基本的に前年度あるいは前計画に比べてどの程度配分を増加させるか、たとえば、予算額、人員数、事業量などをどれだけ増やすかが重要な政策判断の対象となります。このため、常に比較するベースが前年度や前計画であり、年度や計画が進むに伴い比較するベースが右肩上がりにリセットされどんどん増大し、当該政策の量をどこまで増加させれば良いかの判断が困難となりやすい構図を生み出します。すなわち、前年度、前計画を基準に満足を追求し続けるため、政策やその効果の帰着点や飽和点を見出すことができない状況に陥ることになります。

こうした現象は、前年度、前計画に比べて減少させる場合にも生じます。常に、前年度や前計画に比べて削減という満足を追求し続け、どこまで削減すれば良いのかの判断が不明確となります。いずれの場合も、際限ない増加や減少を追い求める結果となります。近年の財政再建策における前年度マイナスの予算編成姿勢などにも見られる実態であり、政策モデルの本質は変化していないといえます。

（増分体質の特性）

増分体質による政策形成過程では、

①　政策決定者が現在の政策に対するあらゆる代替案を検討するだけの時間・情報・力を持たないことや政策選択肢の判断軸をすべて認識することには限界があることを重視し、従来の政策判断軸を容認しやすい構図を形成すること

②　新しい政策に対しては不確実性の存在やリスクが高い点を強調し、前例踏襲型が安定性や政治的正当性に優れていると判断する傾向が強いこと

③　既存政策に関する過去の投資の存在が政策の継続を財政面から正当化する要因（いわゆる「サンク・コスト（sunk cost）」等）となりやすく、政策に関する慣性的継続機能が生じやすいこと

④　既存の利害関係の範囲に留めた妥協的調整により二者選択の意思決定を回避しやすいため、最終的な政治的調整においてもあれもこれもの肥大型として受け入れられやすいこと

などの特性を指摘することができます。

こうした特性による政策形成は、規範性の面から政策の保守的傾向を強めやすく、一方で横断的視野からの政策の進化への対応力を弱めます。増分体質の特性は、議会や行政組織の体質にも反映され、さらに情報も増分体質と親和性が高い内容となりやすい結果となります。

主観的感覚議論からの脱却

（悪い意味のポピュリズム）

従来の政策体質の第二の課題は、主観的感覚議論からの脱却です。情報通信技術の発展による大衆情報化社会とマスメディアの発達、縦割り社会の深まりは、様々な情報を細分化した単位で誰でも自由に発信し情報として流通、何人も受け止められる構図をつくり上げていることは、すでに何度も指摘しています。分断された個々人の価値観、利己的な批判・評論を自由に展開する大衆社会を生み出しています。

そこでは、利己的な価値観だけを押しつける批判やその批判に対して意見を論じる評論が氾濫しやすくなり、利己的・主観的な意見等を「国民の声」「国民のニーズを聞く」という美辞の中で政治が人気取りのために無秩序に受け止める構図が生まれます。こうした構図は、政策の質を着実に劣化させ、悪い意味のポピュリズム体質を拡散させます。

（性急な一般化）

政策に対する個々の主観的感覚の影響力が高まることで、経済社会プロセスの複雑な争点を単純化して受け止める傾向を強めるだけでなく、細分化された主観的感覚の思考や議論は、政策形成に深刻な歪みを生じさせます。

歪みの第一は、「性急な一般化」です。特定の課題を解決する政策手段は数多く存在し、ひとつの手段だけで解決することは極めて難しい状況にあります。その数ある選択肢を主観的感覚と細分化された知識や視野によって限定化することで、最適の政策選択を困難にしてしまうことを意味します。加えて、指摘された事項や選択した政策手段が課題全体の中で占める重要性について検証する機能が不十分となり、自ら指摘した事項が唯一無二の存在で、それに対する唯一最善の解決策だと誤って認識し、政策内容の進化を停止させてしまいます。過去にいろいろな問題点を生じさせ、その効果にも疑問が提示された政策と類似した内容の政策が、さも新しい政策かのように提示される現象は、以上の性急な一般化がもたらす現象といえます。

(問題認識の不統一)

歪みの第二は、「問題認識の不統一」です。

政策を考える前提となる経済社会に対する観察のアンテナが狭く粗い構造となり、政策により解決すべき問題認識自体が限定されることによる歪みです。この問題認識の歪みが大きくなると本来認識すべき課題との乖離が大きくなり、最悪の場合は全く異なる内容の問題に対して解答する政策の流れをつくり、本質的課題の解決を困難にします。提示された問題文に対して適切な解答を導く政策思考をたどることができても、スタートラインの問題文自身を自ら見出し得ない状況であれば、適切な政策展開は不可能となります。

（問題解決と評価の同時進行による歪み）

歪みの第三は、「問題解決と評価の同時進行による歪み」です。

本来複雑な構図を持つ経済社会の課題を単純化して把握し解決策との間で直線化して理解する傾向を強めるため、問題解決に対する多くの選択肢を排除し、解決策たる政策選択肢を限定した形で政策を形成しやすくなります。そして、問題認識と解決の思考が表裏一体となって進行し、単純・単一の解決策のみを求めやすくなります。

（相互連関性への認識の歪み）

歪みの第四は、「相互連関性への認識の歪み」です。

情報化の波の到来により情報共有が縦割りを越えて急速に進展し、経済社会の諸活動の相互連関性を著しく強める中で特定問題が単独で存在することはなく、他の問題と相互に連鎖し影響し合っています。このため、認識された問題の位置づけが本質なのか徴候なのか、無視すべき雑音か注意を要するサインなのかすぐに対処すべきシグナルなのかについて優先度を判断することが必要となります。しかし、主観的に把握した特定課題だけを単独で認識する構図は、相互連関性と優先度の思考が機能しづらい状況に陥ります。

物語の暴走

前節の性急な一般化から始まる歪みを抱えた政策思考は、極めて大きなリスクを最終的に生じさせる可能性があります。主観的感覚から埋め込まれた思い込みを持った政策思考は、一定の問題点に対して限定的な選択肢しか抽出せず、限られた解決策の中だけで制度や政策を検討する体質を形成します。このため、政策に対するいわゆる「物語の暴走」を生み出します。

「物語の暴走」とは、思い込みを持った思考から掘り起こした限定的視野の出来事を、多面的な実証分析や検証を行うことなく、経済社会全体に共通する一般的で大きな問題として位置づけることです。たとえば、特定の地域の活動事例や、特定の事業に関する成功事例・失敗事例を、経済社会全体の話として置き換えてしまうことです。

政策形成過程において、実践と理論の架橋が必要な理由は、現実の出来事の中に真実が存在するからです。しかし、現実は容易にその真実を見せません。個別の出来事の羅列による一般化は、推測の域に達するだけであり、政策形成として信頼する水準に達せず、まだ、十分な分析が行われていない段階にあります。さらに、限定的な事例を一般化することで、小さな出来事が全体を左右する大きな出来事に転移することになります。以上の主観的感覚は、個人レベルの問題ではなく、人間の集団行動である組織でも生じる現象です。

たとえ話の落とし穴

物語の暴走と類似した現象として、「たとえ話の落とし穴」があります。

議論や説明の中で「たとえ話」を使った話が出てくることがあります。多くの人が知っているたとえ話を引用し、議論や説明を聞き手に分かりやすくし、信用力を高める手法です。しかし、こうしたたとえ話は、分かりやすさの反面、大きな落とし穴があります。それは、実際の政策課題が政治的・経済的・社会的に複雑な構造を持つにもかかわらず、その説明を省略し、不十分な検証の下で単純化して身近な問題として置き換える危険性があるからです。たとえ話と政策課題の関係がごく一部の重なりに過ぎず、たとえ話は政策課題とは関係のないさらに広い意味を示唆していることがあり、逆にたとえ話は政策課題の一部を意味するものに過ぎず、両者間の因果関係も希薄で政策課題を代弁する位置づけにない場合もあります。

しかし、たとえ話の落とし穴の問題は、これに止まりません。複雑な政策課題をたとえ話で単純な内容に置き換えてしまい、重要な論点を見えなくしてしまうことで政策議論から排除してしまう危険性です。たとえ話を引用した分かりやすい説明が、実は論点を隠してしまうことに留意すべきです。

（分かりやすい説明の意味）

そもそも「分かりやすい説明」とは何でしょうか。

「分かる」とは、他と区別して説明できる程度に明確に理解することであり、分かりやすい説明とは、他の概念と区別できるように明確に相手に伝えることです。したがって、平易な言葉やたとえ話などを引用して、誰でも知っている言葉で伝える耳触りのよい説明とは異なります。政治や行政などに、分かりやすい説明を求めることがよくあります。しかし、「分かりやすい」の意味を間違えてしまうと、逆に本来知るべき争点が隠された耳触りのよい説明が展開されることになります。

観察力・分析力・思考力

主観的感覚議論から脱却し、客観性に基づいた体系的政策思考とそれに基づく政策議論を展開する能力を形成し向上させることは、行政、議会、国民等を問わず、民主主義を支える根底的機能として求められています。

そこで、地域の民主主義の根底的機能となる政策基礎力を行政、議会、国民が高めるためには、地域への①観察力、②分析力、③思考力を向上させる必要があります。

（観察力）

基礎自治体の場合、住民やコミュニティとのパートナーシップ、住民参加による活動など、地域で直接行動する場は、国や都道府県より本来多い環境にあります。その意味で、政策力の原点である観察力を発揮し、地域で抱える課題の抽出とその軽重を認識する機会には恵まれています。しかし、現実問題として、行政内の人員削減等により組織内での事務処理のウェートが増大し、地域と直接かかわる機会が減少、あるいは指定管理や民間委託等民間化による現場と行政の乖離、さらには異業種や他の地方自治体との連携行動に対する制約が生じることも多くなっています。基礎自治体のひとつのメリットは、地域に対する観察力の発揮であり、そのことを改めて認識し、今まで以上に地域内、そしてより広い視野からの観察を実現するため地域と職場を越えたネットワーク形成を図る必要があります。

もちろん、漠然と観察しているだけでは政策力は養われません。観察する中で出来事に対する重要な変化や異常に着目する分析力が必要です。「観察力」とは、物事を注意深く知覚することであり、具体的出来事やデータ等を活用し日常的継続的に自らの地域や組織などを眺め、その変化と特性を掘り起こすことであり、政策創造の質の大半は、この観察の質に左右されます。出来事を左右する本質は、容易に表に姿を現しません。その本質を分析する力が必要となります。観察力の継続化により、「地域の内側から継続的な問題提起」がわき上がります。観察力は、外見・時間・環境の変化等に常に気配りすることで養われます。

（分析力）

観察した事項を組み立てている要素ごとに分けていくのが「分析力」です。分析は、表面的なベールをはぎとり、その中に隠されている姿を認識するために重要なステップとなります。一見異なる現象と見える出来事でも、その中には共通点・類似点があり、逆に同類の出来事と観察できても要素に分解することで相違点を見つけ出すことができます。そして、共通点、類似点、相違点などを組み合わせることで、新たなイメージを形成する視点を生み出すことになります。

（思考力）

しかし、観察力・分析力だけでは、政策の基礎力は向上しません。観察・分析で得られた知識・情報を新たな政策のイメージ、すなわち創造に結びつける「思考力」が不可欠となります。

思考力とは、知識・情報を体系的に新たな構図に組み立てる力であり、それを基礎に住民等他者に伝える力でもあります。普遍的・一般的に物事を整理し応用していく力ともいえます。前述したように、政策はだれでも提示し議論することができます。その政策内容が単なる主観的な意見に止まる内容なのか、それとも政策科学として観察から次に仮説設定に至るまで一定のプロセスをたどり考察された内容かを区別する必要があります。

住民ニーズを十分踏まえることは重要です。しかし、個別の主観的意見に翻弄されるのではなく、それを科学に高める力こそ政策力の柱であり、行政、議会の存在価値でもあります。仮に、行政、議会の政策議論自体が主観的感覚のレベルに止まれば、そのこと自身で国民からの政策への信頼性は失われます。同時に、せっかく展開した政策もその効果が極めて限定的となります。

（抽象化・普遍化の力）

政策を思考する場合、多くの地方自治体では先行事例や具体的事例の収集に力を入れることが少なくありません。そのこと自体は、観察の重要な手段であり、取り組みを相互比較する意味でも極めて重要です。しかし、その段階に止まれば政策改善にはなっても新たなイメージを形成する政策創造には達しません。

先進地事例など多くの事例に共通する要素や類似する要素、さらには相異点などを分析し抽出すること、抽象化・普遍化する力を養う必要があります。先進地事例をみる行動力はあっても、自らの地域に活用する応用力が生じない理由は、この抽象化・普遍化の欠如にあります。個別の事例の根底に隠されている共通あるいは類似要素を探り出す力、この力が分析力です。

知っているから生み出すことに

国や地方自治体には様々な情報が存在します。しかし、それらを体系的に整理し、その構造要素を明らかにする分析力には不足する点が多く、その結果、地域に対する直観力が十分に機能していません。

（直観力の重要性）

直観力とは、分析力と思考力によって形成される力であり、単なる一時的な思いつきではなく、恒常的に気づきを生じさせる能力です。直観力は、どのあたりに問題点があり、どのあたりに解決の糸口があるかを見極める上で極めて重要な力となります。直観は、いかなる状況においても可能性を認識し得る唯一の方法です。とくに、直観的な認識が政策思考の端緒となることは、組織や地域の政策形成において多く見られる点です。

直観は単なる思いつきではなく、合理的で演繹的なデータの視野の拡大と蓄積であり、合理主義においても直観力を拒絶する理由はありません。このため、直観は、創造性を基盤とする組織を形成するには重要な要素であり、新しい方向を生み出すブレイクスルーの要因となります。ただし、直観を活用するには、「リスクや間違いを犯すことを成功の本質的部分」であるとみなす姿勢が必要であり、同時に直観に溺れることなく検証する力も不可欠です。直観は、あらゆる創造に用いる道具です。ビジョンを形成し、正当化し、人々との間に調和を打ち立てる重要な要素として位置づけられます。

直観と合理性を互いに補うためには、分析的発想力の向上が必要です。思考力と分析力を基礎に直観を導き、本能的洞察力を高める努力が必要となります。先例、法令や制度に熟知していることは重要です。しかし、それだけではこれからの政策創造を担うことはできません。「知っていること」を「生み出すこと」に進化させるため、観察力、思考力、分析力の融合を目指す必要があります。

2　観察とは何か

体系的政策思考のスタートである観察から整理します。

観察とは、物事を注意深く知覚することであり、具体的出来事、データ、様々な情報等を注意深く知覚して、日常的・継続的に自らの国、地域や組織などを眺め、その変化と特性を掘り起こすことです。観察は、物事を注意深く知覚することですが、知覚とは五感を使って認識することです。したがって、日常的に地域、組織、業務等について、視覚、聴覚、嗅覚、味覚、触覚を可能な限り発揮して認識することとなります。ただし、実際には自分自身の五感で認識できる範囲は狭く、それだけに頼っていれば主観的感覚から脱却することは困難となります。そこで、他者による観察も利用しつつ、より広く、より深く、より適切に観察することが必要となります。その際には、様々な間接的なデータや情報を活用することが主流となります。

客観性の確保

観察にもっとも重要な点は、「客観性」の確保です。客観性とは、観察した内容について必ず他の対象と比較することを意味します。関心のある地域、領域、時代だけを注意深く知覚するのではなく、必ず他の地域、領域、時代なども踏まえ、その共有点・相違点、類似点等を認識することが必要になります。それなしでは、関心を持って観察した内容が特異な現象なのか、平均的な内容なのか、どこまで普遍化できるのかなどを判断することができません。観察をしても比較による客観性の確保が行われない場合、主観的感覚から脱しているとはいえなくなります。

（客観性と数字の関係）

客観性は比較可能性を確保することですが、客観性を「数字にすること」と理解する場合があります。「数字で客観的に説明してくれ」などの主張にみられる現象です。これは、ある意味正しい主張です。なぜならば、数字は言葉の壁を越えてグローバルに比較可能な存在だからです。フランス語、ドイツ語、中国語など他の言語が理解できなくても、経済活動や市場で示される数字は百パーセントではないにしても、言語に比べれば理解することが可能です。この意味で、数字は比較可能性を確保する上で重要な手段です。

しかし、留意すべき点があります。

第一は、数字だからといって単純に客観性を担保しないことです。なぜならば、数字を生み出すプロセス自体が一定の考え方を反映したものとなっているからです。とくに、政策や財政に関する数字は、「数字が嘘をつき、嘘つきが数字をつくる」といわれます。「嘘つき」とは虚偽ではなく、一定の人為的ルールで数字が生み出されていることを示しています。したがって、数字で示されたことを持って、客観性が確保されたと考えるのではなく、その数字が生み出される背景にあるルール、財政であれば会計や予算決算に関するルール、統計であればデータの収集加工のルールを理解することが必要となります。それにより、はじめて比較することが可能となります。

たとえば、基礎自治体で行われるアンケートによる「住民意識調査」を他の地方自治体と比較する場合、一見、項目が同じだとしても、そのサンプル数や調査票の配布方法、そもそもの母集団の性格などにより、調査結果の分析に違いが生じます。また性別や年齢構成など回答者の属性などにも偏りがそれぞれに発生しています。違いや偏りが数字に大きく反映されていることも多く、入門的統計知識は持ちつつ、それぞれの違いや偏りを認識した上で取り扱うことが必要となります。

第二は、数字は比較を確保するための重要な手段ですが、唯一の手段ではありません、数字で定量的な比較ができなくても、定性的に比較することも可能です。具体的には、従来の様々な考え方、情報、学説等をできるだけ集め、そこで展開されている論理などを相互に比べて、考え方や着眼点の違い、矛盾する点等を整理することです。そして、相互の考え方をぶつけ合う討論を展開し、いろいろな考え方を比較する方法もあります。討論民主主義といわれる構図です。

いずれにせよ、政策科学の第一歩となり、その後の政策思考の質と方向性を大きく左右する観察では、まず様々な方法で客観性を確保することが大前提となります。

情報の信頼性

観察の対象となる情報についてその信頼性から大きく分けると、四つとなります。①直接事実、②間接事実、③直接予測、④間接予測の四類型です。

まず、「直接」とは、自分自身が他者の観察を経ずして、自分自身のコミュニケーションの中で得た情報です。「間接」とは、自分自身ではなく他者のコミュニケーションから得た情報です。次に、「事実」とは、現実に生じた出来事に関する情報、「予測」とは将来起こるかもしれない出来事に関する情報であり、不確実性やリスクを抱えた情報です。

このうち、もっとも信頼性の高いのは「直接事実」であり、政策思考に利用可能な情報です。「間接事実」は、利用可能であるものの検証を要する情報、「直接予測」は、利用には耐えられないものの参考としては有効性がある情報、そして「間接予測」は、そのままでは、利用だけでなく参考として扱ってもいけない情報となります。

以上の情報の信頼性のグレードを認識した上で、比較による客観性の確保を展開する必要があります。信頼性がもっとも高い「直接事実」も、どこまで普遍性あるいは反復性があり、政策思考に活用してよい情報かは未知数です。このため、他の直接事実や間接事実などとの比較を行い、特異性の有無、影響度などを比較し、政策思考へ活用すべきか否かを判断する必要があります。情報の信頼性と政策思考として活用して良い情報とは異なります。そして、間接予測は、そもそも情報としての信頼性が低く参考にしてはいけない情報であり、極めて慎重かつ十分な比較が不可欠となります。

国だけでなく、地方自治体でも総合計画や地方公営企業などの事業計画等を作成します。また、その前提として様々な他機関による経済見通しなども活用されます。こうした情報は、全て「間接予測」の情報の集積物であり、信頼性の面からはそのままでは参考にしてはいけない情報となります。それでは、どのようにして将来を考える政策思考を展開するのでしょうか。先に整理したように、間接予測の情報について、他の情報に比べてもより慎重に他の情報との比較を行い、いろいろな視点を認識すると同時に、情報としての信頼性の限界を認識し、そこから生じてくる不確実性やリスクを正面から受け止める政策思考が重要となります。

思い込みと異化

（思い込み）

比較を行い政策思考の対象となる情報自体に潜む主観的感覚を検証することに止まらず、政策思考を展開する人間行動、団体行動（組織）自体が抱える主観的感覚、思い込みの所在も比較によって認識する必要があります。政策の創造性とは、新しいイメージを生み出すことですが、創造性を阻む最大の壁が人や組織が持っている「思い込み」です。思い込みをなくすことはできません。しかし、どこに自らの思い込みがあるか、その所在を認識することで創造性を発揮することが可能となります。

既存の視点の繰り返しによって固定的な思考が深刻化し、一度固定的になると組織やネットワークを構成する個人の思考も思い込みで化石化していく傾向を強めます。そして、個人や組織の思考の化石化は、次の世代に受け継がれ一定の組織体質として長期にわたって定着します。多くの場合、この体質の定着が無意識の中で展開されるため、自分の属する組織そして自分自身の思考に関する固定的な特性について無意識になりやすいのが実態です。無意識な固定化であるため、自らの思考が生み出す偏りにも無意識となり、自らの思考に対する他者の検証に対して受け入れる意識が低下します。比較などによって思い込みに対する無意識な状態から脱却することが重要となります。

〔異化〕

思い込みを認識しても、新しいイメージづくりをすぐに実現することは簡単ではありません。思い込みを克服し気づきをもたらす重要な要素として「異化」があります。異化とは、「見知らぬ」という意味を語源としており、分かりきっていると思っている事柄に注意を向け、分かりきっているという思いが外見だけのものであることを知ることを意味します。そして、外見だけの意味をはぎ取ってその中にある新しい真実を掘り起こすこと、これを「異化効果」と呼びます。

異化効果は、ドイツの演劇家ベルトルト・ブレヒトが演劇用語として使用したもので、演劇の中の出来事を観客が批判的に見られるようにする方法です。ある事柄からその特性として一般的に認識されている部分を取り除くと、ある事柄が未知の異様なものに見えるという効果を示しています。異化効果を別の言葉で表現すれば、「真理の追求」といえます。哲学者マルティン・ハイデッガーは、「忘却されているものの覆いを取り去って、あらわにすること」を真理と定義づけています。

さらに、ヘーゲルは、「分かりきっているとみえることは、本当に理解されていることではない。分かりきっているという印象を与えるものをきちんと分析し直して、分かりきっているという現象が実は外見だけにすぎないことを明らかにしていくことが必要」と指摘しています。また、既知のものが分かるものとなるためには、既知のものを目立たない存在としている性格を排除する必要があります。すなわち、当たり前、分かりきっていることを目立つ存在、特殊な存在として見つめ直さなければならないことを意味しています。

個人、組織や地域のネットワークも、日ごろ慣れ親しんだ事柄は、分かりきっていること、当たり前のこと、耳触りの良いこととして無条件に受け入れやすい存在となります。その当たり前の世界にこそ思い込みがあり、無理解があり、未知が存在し、その思い込みと未知が、真理を覆い隠す原因となります。未知を掘り起こし覆いを取り払い、自らの分かりきっているという意識たる思い込みを問いただすことに、自らの真理の追求と異化の本質があり、そこに観察の意義と政策の進化が生み出されます。

未知の事柄は、無意識の中に隠されています。無意識の中に隠された未知を掘り起こすためには、観察とそこでの比較のプロセスを通じた「気づき」が必要となります。

情報の認知心理

また、情報の受け手の心理も情報の質に大きな影響を与えます。これを情報の認知心理といいます。代表的な認知心理として、①行動、②規模、③アンカーリング、④フレーミング、⑤アクセス、⑥勝者の各エスカレーションがあります。

①の行動エスカレーションとは、「今までやってきたから」に代表される経験や先行して積み上げてきた行動によって得た情報を優先しやすいことです。

②の規模エスカレーションは、経済規模、収益規模、人口規模など規模が大きい、あるいは小さいことに優位性が高いと認識しそれを裏付ける情報を優先しやすいことをいいます。

③のアンカーリングエスカレーションとは、最初に接した情報に大きく左右され、その後に得た情報の認識に影響を与えることです。

④のフレーミングエスカレーションは、自分や自分の組織、地域などに好意的な情報を優先しやすいことを指します。

⑤のアクセスエスカレーションとは、日常よく使う情報入手ルートから得る情報を優先しやすいことです。たとえば、インターネット検索で情報の比較を行う場合も、日常使用する検索サイトだけでなく、複

数の検索サイトから情報を検索し比較することが求められます。

⑥の勝者エスカレーションは、成功体験に左右されて情報を判断しやすいことです。

以上のエスカレーションは無意識の中で生じやすく、個人・組織を問わず生じやすい実態にあります。この点を克服するためにも、観察における比較機能が重要といえます。

観察する視点

観察が大切、比較が必要といっても、情報や事象を観察する場合、まずどこに注目し比較することが適切なのでしょうか。事実観察の基礎的な視点として、①外見観察、②時間観察、③環境観察が、応用的観察として、④意思観察、⑤制度観察があげられます。

（基礎的観察）

①の「外見観察」は、情報や事象の目で見える形態に注目します。情報であれば、紙情報か電子情報か伝聞情報か、数字か文章か暗号か、事象であればどこでどのような形か、地域観察でも地域がどんな地形にあるかなどです。外見観察は、観察の中でも入口であり、この段階での着眼点が広く緻密であるかが思考の質を大きく左右します。

②の時間観察は、その名のとおり時間の流れに沿って観察する時系列観察などを意味します。時間の経過

によって情報や事象がどのように変化しているかを認識するものであり、過去の時間軸から将来の時間軸まで存在します。現在生じている出来事がいかなる影響を経済社会に与えるのか、将来再び発生する可能性はあるのかなどについて思考するにあたり、まず、時系列での情報と事象の変化を慎重に認識する必要があります。

③の環境観察は、情報や事象に影響を与えている要因を観察することです。経済社会環境、自然環境など様々な周辺環境を認識し、相互の関係を認識することです。経済社会の相互連関性が高まる現在では、環境観察の重要性が従来に比べて一層高まっています。

環境観察自体を時間軸で観察するなど、観察の視点自体を融合することも重要です。

（応用的観察）

応用的観察には、④意思観察と⑤制度観察があります。基礎的観察は、比較的直接的に観察することが可能ですが、応用的観察は、基礎的観察で認識した事項に潜んでいる間接情報を探ることにあります。

④の意思観察とは、基礎的観察で得られた情報を生み出す背後にある意思決定のプロセスを認識することです。

⑤の制度観察とは、基礎的観察で得られた情報に関連する制度やプロセスを認識し、制度と情報との相互連関性を認識することを意味します。

たとえば、減税政策を行っても消費活動が活発化しない事象が基礎的観察で認識できた場合、消費活動を行わない人間行動の意思決定がいかなるプロセスで生じているかを認識することが「意思観察」であり、そのプロセスに既存の税制度や生活スタイルがどのように影響を与えているかを観察することが「制度観察」となります。応用的観察では、基礎的観察も含め観察の視点を複合的に機能させる必要があることに加え、政策に関連した理論の活用も必要となります。この理論については、119ページの「仮説設定とは何か」で整理することにします。

（同空間と異空間）

なお、観察には、「同空間観察」と「異空間観察」の分類方法もあります。

「同空間観察」は、観察者と観察対象が同じ空間（同じまち、同じコミュニティ等）に位置しており、直接観察できる場合で、ヒアリングなどの観察手法が活用されます。これに対して「異空間観察」は、観察者と観察対象が異なる空間（異なるまち、異なるコミュニティ等）に位置している場合で、統計データやアンケート調査等によって観察することが中心となります。もちろん、遠隔地でも出向いてヒアリングすることは可能です。この場合、ヒアリング自体は同空間の観察となります。ただし、後でみる「平衡プロセス」（109ページ）の存在に留意する必要があります。

最後に、忘れてはならないのは、以上の観察の視点は、問題点の発掘の視点であると同時に、政策の働きかける介入点、政策効果の帰着点でもあることです。この点から観察の視点と質が、政策の質に大きく影響することが分かります。

（比較の例）

客観性を担保するための比較の観点は、たとえば、地方自治体であれば、
①　一定期間の推移を確認する「時系列比較」
②　人口構造や産業構造が類似する地方自治体間の状況を確認する「類似団体比較」
③　地域的基盤を等しくする近隣の地方自治体間の状況を確認する「近隣団体比較」
④　国などが定めた基準を基礎としてその乖離を確認する「基準値比較」

などがあります。

そして、比較は、先にみた「基本的観察」と「応用的観察」の全てに展開することが有用となります。基礎的観察では、外見、時間、環境に注目しますが、応用的観察では、意思決定のプロセス、制度的観察では、その意思決定プロセスに影響を与えるシステムを認識することにも及びます。応用的観察の比較を行うことで、次にみる表面的には隠れている本質を探ることが可能となります。

（観察手段としての住民意識調査の進化に向けた課題）

ここで、観察・分析方法の一例をみるため前述の「住民意識調査」（96ページ）を具体的に取り上げて

みます。

少子高齢化など人口構成の変化や外国籍住民の増加、ライフスタイルの多様化、インターネットなど情報媒体の多様化等により、住民意識も多様化しています。財政が逼迫する多くの地方自治体はもちろん、財政が潤沢な地方自治体においても、今後一層厳しくなると想定される経営資源のもと、選択と集中による費用対効果の高い行政サービスを実現することが重要となっています。

そのためには、住民意識を把握するとともに、表面的な住民意識だけではなく、その背景や要因まで含めた分析を行い、必要性・優先度の高い施策・事業の立案につなげることが重要となります。住民意識調査は、企業のマーケティング活動と近似し、施策や事業の対象となる地域住民の意識（施策・事業の満足度など）を調査票により計測する手段として実施されてきました（住みやすさ・定住意向などの市全体の状況の設問と個別施策・事業に関する設問などがあります）。この結果は本来、目標値と比較し、総合計画の進捗管理や施策・事業の見直しを行うために活用することが期待されています。しかし、実際には、職員は指標の上下に一喜一憂している傾向が強く、属性ごとの背景要因を探ったり、結果に基づく進捗管理や施策・事業の改善に住民意識調査が活用されていることはまれとなっています。

たとえば、住民意識調査の課題は、①設問に関する課題、②回答に関する課題、③活用に関する課題の三つに大別されます。

①の設問に関する課題には、

第一に、要因を問う設問が少ないため、住民意識の背景把握が困難なること
第二に、各設問の文言の定義が曖昧性であり、回答イメージのずれが発生しやすいこと
第三に、曖昧なイメージでの設問により結果の信頼性を低下させること
②の回答に関する課題には、
第一に、おおむね高齢者の回収率が高い傾向にあり、偏りが生じやすいこと
第二に、調査対象集団と回答集団の特性・属性に関する認識が不足すること
③の調査結果の活用に関する課題には、
第一に、各所管課が保有する施策・事務事業情報を活用せず、指標動向を整理しようとすることが多くみられること
第二に、②でも指摘した調査対象集団と回答集団の特性・属性に関する認識が不足するためマーケティング的機能を発揮することが困難なこと

があげられます。

指標動向は、社会情勢の変化や施策・事務事業の変化に左右される傾向にあるため、各所管課が保有する情報を活用せずに指標動向の背景要因を把握することは困難であり、また、特性や属性への認識が不足する状況では、政策のマーケティング機能、すなわち政策を形成し執行し、住民生活にスムーズに結びつける機能を生み出すことも難しくなります。

以上の点に留意し、調査の進化に努力することが不可欠となります。

問題の本質は隠れている

「高い影響力を持つ政策の実現ほど困難性は高く、一時的な影響力に止まる政策ほど実現しやすい」。こうした実態に陥る原因は、「観察」にあります。なぜならば、課題に対し高い影響力を持つ本質的な原因ほど、表面的には分かりづらく一般的に隠れているため、難解で国民の理解を得ることが困難な位置にあります。

一方で、表面的な原因は分かりやすいため、国民や利害関係者の支持を得やすく、政治的に優先されます。このため本質的な政策課題は後送りとなり、表面的な政策課題が優先されやすくなります。

なぜ、高い影響力を持つ政策が一般的に分かりづらいのか。それは、本質的な因果関係ほど、原因と結果の間に時間的、空間的な距離が生じやすいことにあります。分かりやすい説明は必要です。しかし、明確化ではなく平易であることを分かりやすさとして重視するあまり、政策の質も表面的な原因のレベルに劣化しやすくなります。

影響力の高い分かりづらい本質的原因とそれに対する政策への理解を高めるためには、一人でも多くの国民や利害関係者に政策への「理解」ではなく、まず「注意」を向けてもらうことが重要となります。はじめから、理解を得ることになれば、問題の本質的原因ではなく、表面的原因のレベルで利害関係の調整を行うため、政治的には目先の事柄に注力しやすくなります。しかし、長期的な成功をもたらす力学に注意を向け、その注意を日々の議会や行政、さらには地域の中に浸透させることがまず不可欠です。その浸透させる重要なツールが政策科学に支えられた政策の体系的思考となります。

問題の兆候と原因、平衡プロセス

応用的観察の重要な機能は、「問題の兆候」と「問題の原因」を明確に区分することにあります。兆候と原因を分けることとは、「問題の兆候」に働きかける政策が、複雑な経済社会問題においては極めてまれにしか本質的な成果をもたらさないからです。

「兆候」は、影響力が低く持続性にも乏しいものの表面的には認識しやすい要因であり、この意味で、表面的原因はこの兆候に属します。これに対して「原因」とは、表面的には認識しづらいものの影響力・持続力が高い要因を意味します。なぜ、原因が兆候に比べて認識しづらいのでしょうか。それは、複雑な経済社会における「平衡プロセス」の中に埋没しやすいからです。

（平衡プロセス）

平衡プロセスとは、目的、習慣、地域内の暗黙の規範等にかかわる微妙なバランスを意味します。たとえば、地域における慣習や世間としての体質などが、政策効果に重要な影響を及ぼすことです。

暗黙のルールは、世間に代表される構図です。「世間体」や「世間知らず」といった言葉はありますが、「世間参加」や「世間貢献」などの言葉はほとんど使われません。また、「社会体（しゃかいてい）」や「社会知らず」の言葉は使われませんが、「社会参加」や「社会貢献」といった言葉は、よく使われます。これは、世間が閉鎖的であるのに対して、社会は開かれた場であり、世間に新たに参画する者は、地域の習慣、風習など従来のルールに従うことを促す体質が強いことを意味します。

平衡プロセスは、世間といわれる体質が強いほど重要な視点となります。92ページの「抽象化・普遍化の力」で述べたように、先進自治体等の取り組みを自らの自治体に応用しようとしても必ずしもうまく展開できない理由は、地域によってこの平衡プロセスの構図が異なることにあります。

とくに、国の新しい政策は、地域の異なる平衡プロセスを認識することなく展開されやすい傾向にあります。こうした場合、暗黙の規範など既存の平衡プロセスにより、国の政策の有効性が減殺される結果を生み出します。この意味からも、国が地域に政策を展開する際に画一性の限界に十分配慮すると同時に、地域政策においても並行プロセスの実態を認識し、必要に応じて、そのどこに重点的に働きかけるかを認識する必要があります。

（平衡プロセスの特性）

平衡プロセスは、大きく二つの要素、すなわち「地域の構造に規定された要素」と「人間の集団行動に規定された要素」の相互作用で構成されます。その基本特性は、次の点です。

　第一は、構造はゴールに向かう動きを加速するか、妨げるかのどちらかであることです。地域や組織への意思観察によって、加速要素となるのか妨害要素となるのか認識することが重要となります。

　第二は、暗黙のルールは明示的なルールに優先することです。地域や組織では、明示的に規定された構造と実際に行われていることの間で、大きな矛盾を抱えながら機能していることを認識することです。

　第三は、兆候は構造の弱さを示すことです。兆候は、無視・否定されるべきではなく、原因にたどりつく価値ある情報として認識し、注意深く観察することが求められます。


　以上、政策のスタートラインに位置している観察について整理しました。観察の善し悪しは、政策の質と方向性を大きく左右します。客観性、すなわち様々な比較を行うことで観察の対象となる情報や事象の特性を認識し、そこで生じている人間行動を読み取ることが求められます。

3　分析とは何か

分解すること

観察した情報や事象に対して、次に求められるのは「分析」です。観察した情報や事象から直接的に人間行動を読み取れることはまれです。同じ環境に直面しても、その捉え方と対応の選択肢により、人間行動は異なる内容となります。「目的が同じでも、人間行動は異なる」「目的地に到達する方法はひとつではない」などの言葉で表現されます。そこで、観察した情報や事象を主観的感覚の領域から離脱させるためには、観察した情報や事象の類似点、相違点、共通点などを発掘することが必要となります。この発掘により、観察した情報や事象を新たなイメージに結びつける応用力が発揮されます。

分析とは何でしょうか。分析とは、観察した情報や事象について、構成する要素に分けることを意味します。たとえば、情報が数的統計の場合、時間、日時、曜日、年ごとなどの時間軸で分ける、分野ごと、地域ごとなどに分けて数値を認識する、事象であれば、誰が、どこで、どのような状態で何をしたか、などに分解することです。分解した項目ごとに比較することで、事例相互間、時間軸等の中での類似点、相違点、共通点などが把握可能となります。

異化効果の説明（99ページ）で触れたように、哲学者マルティン・ハイデッガーは、「忘却されているものの覆いを取り去って、あらわにすること」を真理と定義づけています。さらに、ヘーゲルは、「分かりきっているとみえることは、本当に理解されていることではない。分かりきっているという印象を与えるものをきちんと分析し直して、分かりきっているという現象が実は外見だけにすぎないことを明らかにしていくことが必要」と指摘しています。分解することは、こうした「覆い」や「分かりきっているという外見」を取り除き、その下に隠れている見えづらい要素を発掘させます。それが、観察した情報や事象に対して新たな気づきたる異化効果をもたらします。

地方自治体などの指定管理等の民間化政策では、「民間の創意工夫を引き出す」ことが大きな目的として掲げられることがほとんどです。しかし、民間だから創意工夫ができるのではなく、観察、分析の能力とそれを支える情報等の充実が図られていることによって創意工夫は可能となります。地方自治体等の公的部門でも、こうした能力と環境の充実が図られることにより、創意工夫を展開することはもちろん可能ですし、そのことにより、民間の創意工夫とのパートナーシップやモニタリング機能の充実が可能となります。

分析の原則

情報や事象を無秩序に分解しても、良質の結論には至りません。分析にも一定の原則があります。

（評価と分析の違い）

第一の原則は、「評価との違いを認識すること」です。

評価は、「一定のものさしを当てはめて物事の善し悪しを判断すること」です。したがって、評価にはかならず「ものさし」という価値観・規範性が存在します。このため、同じ情報や事象の善し悪しも「ものさし」の違いによって異なる結果となります。分析は、「情報や事象を組み立てている要素に分けること」であり、この段階では、できるだけ特定の価値観を排除し、客観的、すなわち他との比較を繰り返しつつ主観性を弱めていく必要があります。

なぜならば、分析の段階で一定の価値観を組み込んでしまうと、異化効果が大きく低下し、隠れた重要な要素の覆いを取り除くことができず見逃す結果となり、そもそも特定の分析の視点を排除してしまうといった歪みを生じさせるからです。最終的な政策案の評価・決定時には、一定の価値観が重要となります。しかし、分析の段階では評価との違いを認識し、比較により客観性を可能な限り確保する必要があります。

（ディメンジョンの統一）

第二の原則は、「ディメンジョンの統一」です。日本語にすれば「抽象度を合わせる」となります。観察している情報や事象を分ける単位、比較対象や要素のレベルが、同一水準・同一次元にあることです。

具体的には、Ａさんと Ｂさんの食べ物の好みを分析する際に、Ａさんは野菜と肉類、Ｂさんはキャベツとマグロというレベルで比較しても、意味がありません。Aさんについてさらに分解して、Aさんが人参と豚肉というレベルまで分けることで、はじめて食べ物のレベルが一致します。そして、キャベツと人参、豚肉とマグロの共通要素、類似要素をさらに見つけ出すことができれば、より多くの人に好まれる食材や料理をイメージすることが可能となります。

〈クライテリアの明確化〉

第三の原則は、「クライテリアの明確化」です。クライテリアとは、分類基準のことです。「ディメンジョンの統一」が分類する水準・レベルの問題であったのに対して、「クライテリアの明確化」とは、情報や事象を分ける際の視点をはっきりさせることです。

具体的にみてみます。「食べ物」を分類する視点はいくつあるでしょうか。①野菜・果物・肉・魚・穀物等、②日本料理・西洋料理・中華料理等、③麺類・ごはん類・パン類等、④蒸し料理・炒め料理、煮込み料理等、まだまだあると思います。

「クライテリアの明確化」とは、この分類の視点を統一することを意味します。たとえば、①の野菜・果物・肉・魚・穀物食材で分類している中に突然、④の蒸し料理・炒め料理、煮込み料理等の調理方法が同じレベルで分類基準として混在すると、分けることが困難となります。もちろん、同レベルで食材を分けた後に、さらに細かいレベルで分類する方法は有効です。野菜の蒸し料理・炒め料理、煮込み料理等です。この意味で「ディメンジョンの統一」と「クライテリアの明確化」は、一体の原則といえます。

（相互背反・集合網羅の追求）

第四の原則は、「相互背反・集合網羅の追求」の原則です。これは、分類にダブりがなく、漏れがないことを可能な限り追求する原則です。分類に漏れがあると、政策の効果が行きわたらない領域などが生じてしまう危険性があること、ダブりがあると政策の効果が二重に発生する可能性があることによります。たとえば、所得の低い層に補助金を支給する政策を検討する場合、所得の多寡で分類し、一定の所得水準以下を抽出します。しかし、これだけですと、大きな資産を持っている人も対象となり、世帯の人数によっても所得や生活コストが異なり、政策対象に漏れやダブりが発生し、政策に歪みが生じます。そこで、一定の所得水準以下の層を、さらに資産の状態、生活を一緒に営んでいる人数・年齢などの視点で分け、政策のターゲットを明確にする必要があります。

以上のように、分析は、観察によって得られた知見を主体や関係の視点から分け新たなイメージを形成し応用力・直観力を高める重要なプロセスといえます。分析なき政策思考は、すでに見た「物語の暴走」を生む原因ともなります。なお、観察・分析の流れにおいて、経済社会の事象に対する疑問を持つことが求められます。常に、経済社会プロセスに対して疑問を持ち続け、観察・分析のプロセスをたどりつつ、疑問を整理していくことが重要となります。

政策の樹

分析は、観察した情報や事象を構成する要素を分けていくプロセスであり、ディメンジョンの統一により、大きな分類から細かい分類に段階的に掘り下げられていきます。食材↓野菜↓キャベツ↓春キャベツなどです。食材という大きな視点が、徐々に細かい視点に分けられていきます。

政策も同様です。たとえば、地域政策は、産業、観光、福祉、医療、教育などの各分野に分けられ、産業政策は、企業立地、技術開発、後継者等人材育成などの施策に分けられます。さらに企業立地の施策は、誘致事業、支援事業、インフラ整備事業などのより細かい単位に分けて展開されます。この、政策・施策・事務事業を「政策体系」と呼び、政策を頂点に裾野が広い形となるため樹木にたとえられ、「政策の樹」とも呼ばれます。

政策の樹も分析と同様に、政策を体系的に理解していく視点であり、政策を混沌とした烏合の衆とすることなく手段の集まりとして認識し機能させ、国や地方自治体等の政策を「見える化」する手段ともなっています。政策体系・政策の樹に関して留意すべき点は、次の三点です。

① 国、都道府県、市町村等の規模・機能により政策体系が異なり、比較する場合、ディメンジョンの統一に留意する必要性が指摘できます。同じ政策・施策・事務事業でも、国や地方自治体ではレベルが異なり、市町村でも政策体系が異なることはあります。

②　政策体系は、政策の分類の視点から組み立てることを基本としますが、現実には行政機関の縦割りの組織担当に基づいて形成されることが多く、分析の原則に反し、ディメンジョンやクライテリアが明確化・統一化されておらず、ダブりや漏れも存在します。国や地方自治体の政策の樹をみるときは、組織体系と比較する必要があります。

③　ダブりや漏れがある中で、政策体系の中で矛盾を抱えている場合が少なくありません。他との比較と同時に、政策体系内での矛盾にも留意する必要があります。

さて、医療にたとえれば（たとえ話による説明には注意する必要がありますが）、観察・分析は精密検査に該当します。観察・分析で得た知見を活用し、いよいよ経済社会を診断することになります。それが、次にみる仮説設定です。

4　仮説設定とは何か

正しい仮説はない

政策に対する仮説設定は、政策思考のコアを形成する部分です。仮説設定とは、観察と分析に基づき認識した共通点、類似点や相違点から政策によって解決しようとする課題と高い因果関係をもつ原因を模索することです。観察と分析で認識した経済社会のどこに課題に対する病巣すなわち原因があり、それを治療するための手段の集まりは、いかなる姿になるかのシナリオを描く段階といえます。仮の原因と結論の流れを考えることを意味します。

仮説設定でもっとも重要な点は、「正しい仮説」をはじめから生み出すと考えてはいけないことです。あくまでも、仮の考え方であり、仮説設定とそれへの検証を繰り返す中でよりよい原因と結果の関係を築き上げる視点が必要となります。最初から正しい仮説が設定できることはありませんし、最初から正しい仮説が設定できるとすることは、むしろ、政策思考のプロセスをたどらず、結論だけを求めようとする政策に悩む姿勢といわざるを得ません。仮説設定では、観察・分析で得られた結果をまず受け止め、原因と結果の流れを検証します。その検証で因果関係の強さが十分でない場合、さらに強い仮説を求めて疑問を観察・分析に投げかけ、その結果を仮説設定に活かしていく流れを繰り返します。一度の思考サイクルで強い仮説を形成できることはまれです。政策思考のサイクルを繰り返す中で、仮説をより良い内容に高めていくことになります。

仮説設定も百点をとれることはなく、常により良い内容にすることを追求することになります。経済社会プロセスを組み立てる諸要因の相互連関性が高まる中で、直線的に因果関係を把握できることは極めてまれです。経済社会プロセスでは、

①　複数の原因が同時に並列的に一定の結論にかかわってくる場合
②　複数の原因が時系列として連鎖的に結論にかかわってくる場合
③　複数の原因が重層的に結論にかかわってくる場合
④　ひとつの原因がいくつかの結論にかかわっている場合
⑤　相互に全く関係のない偶発的な原因が結論にかかわっている場合

などがあります。こうした類型を踏まえつつ、仮説設定を思考することも重要となります。

政策サイクルを含め、観察から始まるプロセスをたどらない妥当性のない流れが、政策に「悩む」の実態であり、主観的感覚による思考から脱していない状況にあります。なお、すでに指摘したように、外見観察や時間観察などの観察の視点は、問題点の発掘の視点であると同時に、政策の働きかける介入点や政策効果の帰着点でもあります。この意味からも、仮説設定の大前提として観察・分析が十分に行われてい

ることが必要であることが分かります。

因果関係と相関関係

仮説設定で重要な点は、因果関係を明確にすることです。二つ以上の事象間に解決すべき課題と解決する手段、原因と結果の流れを他の流れと分けて示すことです。

（独立と相関）

因果関係と類似した存在として、「相関関係」があります。まず、この両者の違いから認識することにします。

二つの事象関係には、「独立」と「相関」の関係があります。「独立」とは、「二つの事象間に、一方は変化しても他方が変化する必然性がない場合」であり、二つの事象間には原因と結果の関係が全く存在していない状況です。独立関係の事象間では、原則として政策の対象となる関係には位置していません。これに対して「相関」とは、二つの事象間に何らかの変化を及ぼす関係が存在している場合を意味します。

（単純相関）

相関関係には、さらに二つの種類があります。

ひとつ目は「単純相関」関係で、二つの事象間に何らかの表面的関係は観察できるものの、その関係が原因と結果の関係ではない場合です。原因と結果の関係にないとは、二つの事象が単に同時的に生じているだけであり、一方の事象が時間的に先に生じたこと（すなわち「原因」）で、後の事象が生じている（すなわち「結果」）関係、時間軸での前後関係にはない場合です。たとえば、毎日の通勤で同じ時間の電車、同じ車両、同じ位置で出会う人がいたとします。この両者間には、電車の中で毎日出会うという関係が生じています。しかし、両者間には何ら事前に約束等があるわけではなく、偶然に毎日の生活の中で出会っているだけで、単純相関に過ぎません。

（因果関係）

これに対して、二つ目の「因果関係」とは、一方の事象が時間的に先に生じたこと（すなわち「原因」）で、後の事象が生じている（すなわち「結果」）関係、時間軸での前後関係があることを意味します。前例でいえば、毎日の通勤で同じ時間の電車、同じ車両、同じ位置で出会う人がいた場合、その出会いに先行して両者間に約束があったときです。この約束が先行してあることを原因として、毎日出会うという結果が時間軸として後にもたらされます。ふたりは、因果関係によって毎日出会っていることになります。

ただし、相関関係による出会いと因果関係による出会いを外見から見抜くことは、簡単ではありません。原因となる点は、時間軸として先行しているため、結果の時点から確認することが直接的にはできないからです。この因果関係と相関関係を明確に理解して仮説設定しないと、全く関係のない事柄に政策的に働きかけてしまうなどの問題を生み出します。

因果関係判断の視点

それでは、相関関係と因果関係の違いをどのように見抜いたらよいでしょうか。

（時間軸）

因果関係の前提となる共通要素の第一は、原因である事象が必ず結果である事象より時間的に先に生じていることで、因果関係の第一条件となります。原因が必ず時間的に先行して生じることが必要であり、同時に生じる場合も因果関係とはいえません。

たとえば、「雨降って地固まる」は因果関係を示しています。「雨が降る」が時間的に先行し、「地固まる」がその結果として生じているからです。これに対して、「高校における優秀な学生の人数と大学への進学率」については、これだけでは因果関係とは判断できません。なぜならば、「優秀な学生が集まる」から「大学進学率が高い」のか、「進学率が高い」から「優秀な学生が集まる」のか、時間的前後関係が判断できないからです。

（意味的連続性）

因果関係の第二条件は「意味的連動性」、すなわち理論的に受け入れられる関係があることです。第一条件が満たされても、現代社会の理論で正当化できない関係は排除されます。たとえば、江戸時代に実際に行われていたといわれる「ふぐの毒に当たった人は首だけ出して土に埋めれば治る」という関係は、時間軸として満たされていたとしても、現代社会では理論的に正当化されないので排除されます。

一方で、「公共事業を行えば景気は回復し経済は成長する」という関係は、いろいろ議論もあり、影響の強さの程度には差があるものの、因果関係を認めることが可能な位置づけにあります。

（直近的連続性）

因果関係の第三条件は「直近的連動性」、すなわち結果を直近で生じさせている原因をまず見極め、原因の体系を追求しているかの問題です。この点について、具体例を通じて、少し詳しくみることにします。

「自動車事故について、スピードの出し過ぎが事故の原因」と仮説設定することの妥当性について考えます。「スピードの出し過ぎ」が、事故に先行しており因果関係の第一条件は満たしており、現代社会で理論的に説明できることから、第二条件も満たしています。

そこで、第三条件の「直近性」はどのようにチェックするのか、です。自動車事故の直近第一原因として考えられる選択肢は、①ブレーキを踏んだ、②ブレーキを踏んでいないに分けられます。

つぎに、直近の第二原因として、①「ブレーキを踏んだ」場合の直近の原因は、Ａ「遅すぎた」、Ｂ「ブレーキが壊れていた」、Ｃ「道路の凍結や施工上の問題でブレーキが効かなかった」などがあげられます。108ページの「問題の本質は隠れている」でみたように、本質的原因ほど因果関係の時間的距離等が生じやすい状況にあります。そこで、時間的距離が短い表面的原因をたどり本質的原因に近づく手法でもあります。②「ブレーキを踏んでいない」場合の直近の原因としては、Ａ「携帯の利用、脇見などをしていた」、Ｂ「飲酒していた」、Ｃ「判断を間違えた」などがあげられます。第二段階でも、スピードの出し過ぎは、まだ直近原因として顔をみせません。

第三段階に入って、「スピードを出し過ぎていてブレーキを踏んだけれど遅すぎた」「スピードの出し過ぎで判断を間違えた」などが顔を出します。直近から原因をたどることで、何が明確になるのでしょうか。スピードの出し過ぎは、事故の一因ではあるものの、すべてではありません。単純に、事故はスピードの出し過ぎと決めつければ、物語の暴走を生み出します。自動車に欠陥がありブレーキが効かない、道路に欠陥がありブレーキが効かないのに、スピードの出し過ぎとして制限速度を政策的に引き下げても、事故は根本的には解消されません。間違った原因に働きかけることから生じる結果です。

〔第三ファクター〕

因果関係の第四条件は「第三ファクターの確認」、すなわち認識した原因に二つ以上の共通した要素が含まれないか、含まれていればその要素は何かを明確にすることです。たとえば、「家族の人数と娯楽費の大きさ」は、一概には明確にできません。家族の年齢や好みによっても異なる関係となるからです。したがって、娯楽費は家族の人数だけでは関係を明確化できず、好みなど隠れた共通要因の掘り下げが必要となります。

また、「ある地域では人口当たりの特定の病気で死亡する人が多い。当該地域の風土は当該特定の病気には好ましくない」という場合も、第三ファクターの精査が必要となります。たとえば、当該地域に特定の病気の専門病院があり、全国から患者さんが集まってくる場合なども考えられるからです。

（強さ）

最後の因果関係の第五条件は「強さの確認」です。因果関係はあるものの、原因が結果に対して及ぼす影響力の強さには違いがあり、政策効果としては因果関係の強い対象を優先する必要があるからです。たとえば、「雨が降って傘をさす人」と「日差しが強くなって傘をさす人」では、前者の方が一般的に因果関係は強いことになります。雨が降ったときの方が、全体において傘をさす人の比率は高いからです。

以上の五つの条件を基本に、因果関係の有無と強さを判断する必要があります。

（願望的政策思考・真理の節約）

因果関係の条件を無視して政策思考を行うと、すでにみた「物語の暴走」（87ページ）を生みます。物語の暴走とは、思い込みを持った思考から掘り起こした限定的視野の出来事を、多面的な実証分析や検証を行うことなく、経済社会全体に共通する一般的で大きな問題として位置づけることです。その結果、全く関係のない原因に政策として働きかけ、あるいは政策効果の低い原因に働きかける等の問題を生じさせます。さらに、因果関係を明確に検証しない構図は、「願望的政策思考」を生み出します。これは、「因果関係があるに違いない」、あるいは「あって欲しい」という期待の中で代替的選択肢を排除し続け、政策の視野を狭めてしまうことです。

こうした実態は、「真理の節約」ともいいます。真理を追求せず因果関係を誤導しようとする意識が含まれており、政策思考としての質は最悪となります。その意味から、物事の本質を見抜く努力を怠っている、すなわち「節約」していることになります。

前件肯定

仮説設定の段階の政策思考において、因果関係の条件等をチェックし原因と結果の関係を明確にしていくことは、政策の善し悪しに大きな影響を与えます。しかし、必ずしも前提条件を満たしているか判断することが難しい場合もあります。そうした場合に、因果関係の信頼性を判断する思考として、「前件肯定」という思考方法があります。

たとえば、「A　もしあなたが金持ちならば、幸せになれる。B　あなたは金持ちである。C　したがって、あなたは、幸せになれる」。このＡからＣへの流れの中で、前件すなわちＡとＢが正しいと仮定して、Ｃが一般的に正しいといえるかどうかを確認する方法です。この例の場合、金持ちで幸せな人がいることは確かです。しかし、幸せの判断はお金だけではなく、人によって多様であり、Ｃが成り立つとは限りません。幸せの判断が多様であるほど因果関係は弱く、論証不足の思考となっていることになります。

別の例でいえば、「Ａ 燃料がなくなれば飛行機は停止する。Ｂ 飛行機が駐機場に停止している。Ｃ その飛行機は燃料切れである」。この流れがいかに論証不足かは、すぐに分かります。飛行機が止まっている原因は、燃料切れ以外にもたくさんあり、燃料切れが占める比率も多いとは限りません。定性的に因果関係の問題点をイメージし、必要に応じて定量的な分析で検証することになります。

国や地方自治体の政策の目的と目標を同様に当てはめると、因果関係の信頼性が確認できます。男女共同参画社会の実現が政策目的であり、その達成目標が審議会委員の女性比率の向上であったとします。「Ａ もし地方自治体の審議会委員の女性比率が向上すれば男女参画社会が充実する。Ｂ 地方自治体の審議会委員の女性比率は向上している。Ｃ その地方自治体の男女参画社会の実現は進んでいる」とすると、ＡとＢが正しいとしても、Ｃを肯定するには論証不足であり、もっと因果関係の強い様々な要因が存在するはずです。

こうした目標をいくら達成しても男女参画社会の実現には、遥かに及ばないことは簡単に推測可能です。政策の因果関係の信頼性について常に確認する必要があります。

5　政策手段の選択

政策手段への接近アプローチ

仮説設定を通じて経済社会プロセスにおいて抽出された課題に対する因果関係が認識され、次は認識した課題を解決するための手段が選択されます。仮説設定を通じた政策手段への接近アプローチとして二つの視点があります。これは、政策手段を担う中心を、どこに設定し、思考するかの視点です。

第一は、厚生経済アプローチ、第二は、公共選択アプローチです。漠然と手段を模索するのではなく、課題解決に対するアプローチとして、誰に政策を担わせるかの視点から接近する方法を採用することが思考を混沌とさせない有効な方法となります。第一の厚生経済アプローチは、政策を担うのは行政を中心とする公的部門であると考えます。これに対して第二の公共選択アプローチでは、行政と企業、企業と企業、行政と住民の協働で公共性を担うことを幅広く認めます。

重要なことは、仮説設定である程度明確にした因果関係に対して、この両アプローチから選択すべき手段をまず模索し比較することです。厚生経済アプローチと公共選択アプローチの違いは、「行政（政府を含む）」「企業」「住民（国民）」の各主体の経済社会プロセスにおける性格をいかに位置づけるかにあります。この二つの思考のいずれに軸足を置くかで、官民の役割分担、パートナーシップの内容が大きく変わることになります。さらに、政策手段としての「アメとムチ」、財・サービスの性格分けからアプローチする方法などがあります。

〈厚生経済アプローチ〉

第一の厚生経済アプローチでは、「企業」と「住民」は自己利益を追求する主体であり、自分自身の利害を最大化する合理的存在と位置づけます。このため、民間企業や住民は、基本的に利己的な存在であり、社会全体の利益を最大化する、いわゆる公共性を追求する主体とは位置づけられません。

一方、「行政」は、無私の行動主体として、社会全体の効用拡大、すなわち公共性を唯一追求する主体と位置づけます。厚生経済アプローチでは、公共性を担う主体は行政のみであり、それを支える人的資源は公務員、資金面は財政制度として、企業や住民の活動たる民間部門とは明確に区別して体系づけます。

「公共性がある業務を行政が担うのは当たり前」「利益を追求する企業には公共性は担えない」「道路や公園の清掃は公共性のある仕事であり、役所がやるべきだ」といった声を、行政と住民両方からよく聞きます。こうした視点は、行政、企業、住民を明確に分け、それぞれ明確に分かれた別の役割を経済社会プロセスでは担うとする考え方となっています。戦後の日本の制度は基本的に、この厚生経済アプローチで設計されています。公務員と民間人、公会計と企業会計、公法と私法、そして今は統合されましたが、共済年金と厚生年金など、多くの基本的制度は、官と民を明確に区分けする内容となっています。

（公共選択アプローチ）

これに対して、第二の公共選択アプローチは、「企業」と「住民」が自己利益の最大化を合理的に求めるだけでなく、「行政」も自らの利益を追求する性格を有すると考えます。厚生経済アプローチとは異なり、行政は公共性を追求するだけの主体ではなく、企業や住民同様に自己利益・組織益を追求する利己的主体としても位置づけることになります。

その際、行政にかかわる主体をさらに政治家、官僚、部局等に細分化し、それぞれが自己利益拡大を追求するとしており、それらの集合体が行政と認識します。自己利益が集まったことにより、行政は全体として様々な利害に対応する公共性の外見を帯びると考えます。

「行政」を利己的主体として位置づけることによって、公共選択アプローチにおいては、「行政」「企業」「住民」間に、人間行動として本質的違いはないとする点に特色があります。そこでは、「行政だから公共性を担う」「民間だから利益追求する」といった主張や区分は説得力を持たないことになります。

（主体論・関係論、二元論・一元論）

厚生経済アプローチは、公共性を担う「官」と自己利益を追求する「民」を外見たる主体の視点から区分けし、官と民を明確に区別する「主体論」であり、「二元論」でもあります。これに対し、「公共選択アプローチ」は、主体的視点から区分けをせず同じと受け止め、官と民を明確に分けない「一元論」です。

また、厚生経済アプローチでは、公共性を担うのは行政たる主体の機能とするのに対して、公共選択アプローチの場合、主体的に機能を定義づけないため、公共性を担う機能は主体間のルール、すなわち相互の「関係」をいかに構築するかによって担保する「関係論」としての性格を持っています。

公共選択アプローチとは、一九八〇年代後半以降、英米の新公共経営論（ニュー・パブリック・マネジメント）をきっかけに拡大した考え方であり、国鉄・電電公社・専売公社など公社の民営化、独立行政法人制度の導入、指定管理制度等民間化の推進、住民や非営利法人などとのパートナーシップの展開などの政策選択肢として広がりをみせています。

（官は指示する人、民は作業する人）

厚生経済アプローチでは、公共政策は行政が主体的に担うことになり、民間化・パートナーシップ等のツールも、「官が指示し、民が作業する」形態となります。民間は、行政が指示したとおりに与えられた業務を実施することで公共性を担保します。いわゆる、請負型であり、勝手に創意工夫することは認められません。なぜならば、公共性を担えるのは官であることから、民が勝手に工夫をすると公共性が歪むと考えるからです。

（共に考え、共に行動する）

これに対して、公共選択アプローチでは、公共政策を官民両者で担い、とくに官民関係をいかに形成するかで公共性を担保します。すなわち、「共に考え、共に行動する」ことを目指し、協働関係を規律するルールで公共性の質やその方向性を担保します。そのことは、行政と民間企業、行政と住民のパートナーシップはもちろんのこと、企業間、住民間、企業と住民間でも同様に可能となります。

二〇〇〇年代に入り、これまでの主体論・二元論の制度を見直し、関係論・一元論の制度設計と法制度の導入が進んでいます。ただし、戦後の日本の基本的制度は、主体論・二元論を中心に形成され、政策意思決定や人間行動にも深く影響を与えていることから、厚生経済と公共選択の両アプローチ間の相互矛盾、軋轢は依然として残されています。

課題解決に向けた流れを行政のみで担う厚生経済アプローチと官民等の関係形成で担う公共選択アプローチの両面から思考する必要があります。たとえば、地域振興でも、行政を中心に取り組む手段と、民間企業中心あるいはパートナーシップで取り組む手段の視点からそれぞれ選択肢を広げていく思考です。

手段の類型

厚生経済と公共選択は、政策を担う中心をどこに設定するかで政策手段の選択肢に接近する方法ですが、次にみるのは、手段の類型によって政策の選択肢に接近する方法です。

政策課題を克服する具体的な手段の類型は、どのようなものでしょうか。政策を担う中心が、組織にあるのかネットワークにあるのかの違いが、厚生経済と公共選択の相違でしたが、次に手段としていかなる類型があるかを考える必要があります。

（アメとムチ）

基本的手段類型として、まず「アメとムチ」があります。減税、補助金・交付金の給付、公共料金の引き下げ、政策金利の引き下げ、規制緩和等の民間の経済社会活動に対して得する部分をより多く提供し政策誘導する手段が「アメ」です。

これに対して、増税、負担金や公共料金の引き上げ、政策金利の引き上げ、さらには罰則や規制の強化等の民間の経済社会の負担を増大させて政策誘導する手段が「ムチ」です。

そして、もうひとつの同類の分類が「放置」の選択肢です。

経済社会が抱える課題に対して全てに対応する必然性はありません。たとえば、理想と現実は異なるものの、現実の変化の方向が理想の姿に向かっている場合は、政策を発動する優先順位は劣位となり、次に理想を達成するスピードを調整するための政策手段を発動するか否かの選択となります。一方で、理想に対して現実が進んでいる方向がずれている場合には、政策手段を発動して現実の進む方向を修正します。

（手段の形態）

アメやムチを具体的に実現するための手段として、①民間化や民営化、規制改革等による民間活用、②法令等による規範の明示的ルール化（積極・消極の規制等を含む）、③プロセス設定等による非明示的ルール化、④財政（歳入・歳出両面）・金融（保険を含む）、⑤情報の配分、情報の量と質等操作（啓蒙的広報を含む）などの選択肢が大きな括りとして整理できます。もちろん、財政と金融、財政と法令等ルール化など複数の手段を組み合わせて政策展開（いわゆるポリシーミックス）することも行われます。

また、財政政策は、さらに所得再分配機能、資源配分機能、そして景気調整機能などに、金融政策は、金利政策、量的政策などに、規制政策は、個別事業を対象とした規制の見直しと地域を包括して対象とする特区政策などに分けられます。

財・サービスの性格による類型

提供する財・サービスの性格から政策にアプローチする方法があります。「排他性」と「競合性」により提供される財・サービスの性格を分け検討する方法です。

（排他性と競合性）

「排他性」は、料金支払い等コスト負担がない場合に財・サービスの提供をしないか、あるいは制限できるか否かの評価軸です。民間市場のように対価を支払わなければ財などを提供しない、あるいは制限できる性格が強いほど排他性が大きく、公共領域のように対価負担（税を含む）がなくても財・サービスを一定のレベルで提供しなければならない場合は、「排他性が小さい」と評価されます。排他性が小さいほど、公共性は高いことになります。

これに対して「競合性」とは、当該財・サービスを供給する主体が、民間も含め多く存在する、あるいは存在する可能性があるかないかの評価軸です。同じ財・サービスでも、都市部と非都市部では競合性の位置づけが異なります。一般的に競合性が小さいほど、供給主体が少ないため、公共性は高いことになります。

（財・サービスの分類）

排他性と競合性の評価軸により、「純粋公共財」「コモンプール財（準公共財）」「クラブ財（価値財）」「私的財」に分けて提供する財・サービスの公共性を考えることが、重要な判断材料となります。

「純粋公共財」は、排他性が小さく、競合性も小さい領域です。代表的な財・サービスとしては、国防、外交、司法などが挙げられます。また、消防・警察等の救急業務もこの領域に属します。

これと極めて対称的位置づけにあるのが「私的財」です。私的財は、料金等のコスト負担の有無で財・サービスの提供を制限できる領域です。民間企業による事業手法に最も適した領域です。

さらに、純粋公共財と私的財の中間に位置するのが、「コモンプール財」と「クラブ財」です。「コモンプール財」は、料金等によるコスト負担の有無による財・サービス提供の制限は困難であり、排他性が小さいものの、類似の財・サービスの供給主体は比較的多く、競合性が大きい領域です。一方、「クラブ財」とは、排他性は大きいものの競合性は小さい領域です。料金等コスト負担の有無によって財・サービスの提供を制限できるものの、類似の財・サービスの供給主体が独占的・寡占的となる領域です。電気事業、ガス事業等の装置産業型、過疎地域の温泉施設等の財・サービスが該当します。

（財・サービスの質と政策）

以上の財・サービスの質を踏まえた場合、まず「純粋公共財」では、排他性・競合性がないか少ない領域であるため、市民が平等・公平にサービスを受けることが必要であり、選択性よりも質の均一的向上を重視することが求められる領域です。このため、公的主体が直接提供するか否かは別としても、最終的に供給に関して責任を持って対応する領域となります。

これに対して、「クラブ財」「コモンプール財」の場合は、都市部、非都市部等によって競合性の度合いに差が生じます。都市部では、類似の財・サービスの提供主体が潜在的な面も含め多く存在しますが、非都市部になると、潜在的にも皆無か限られる状況になります。非都市部では、競合性が小さいことから排他性が同レベルであっても公的部門が当該財やサービスを提供する公共性が高いと判断することも可能となります。
もちろん、非都市部でも、都市部で展開する民間企業を誘致し、事業を民間型で実施することも選択肢となります。ただし、その場合には、地域所得の流出と地域内循環の厚みに留意する必要があります。また、政策を展開する場合、提供される財・サービスが、政策によって領域の位置づけをどう変えるかにも留意する必要があります。たとえば、過疎地域の公営温泉施設は他に供給主体がなく、料金を徴収するので、「クラブ財」と評価できます。この公営温泉施設の運営が苦しくなり無料券を配布するようになれば、温泉施設は「純粋公共財」に徐々に移行します。逆に、民間に譲渡すると基本的に「私的財」となります。こうした位置づけの変化にも注意して、政策の質と必要性を考えることが重要となります。

仮説思考方法

以上、紹介したアプローチを実践する際に、有用な思考方法を紹介します。

（ブレイン・ストーミング法＋補完法）

仮説設定の思考においては、創造性、すなわち新しいイメージを形成するための行政職員間、行政と民間企業間、あるいは住民参加等による「ブレイン・ストーミング法」が活用されます。ブレイン・ストーミング法とは、アレックス・F・オズボーンが考案した議論方式で、集団思考法とも表現され、集団で異なる視点から案を出し合うことで、相互交錯・連鎖反応による発想の誘発を図る方法です。

この方法では、

① 個々の案を制約する判断・結論を出さないことが原則であり、判断・結論はブレイン・ストーミング後の段階で基本的に実施すること
② 奇抜あるいは斬新な案を重視すること
③ 案の質よりも案の量を重視すること
④ 参加しているメンバーの案を結合しさらに発展させること

などが重要なポイントとなります。しかし、こうしたブレイン・ストーミング法を単に漠然と実施し主観的感覚のぶつけ合いを行っただけでは成果を生むことはできません。

ブレイン・ストーミング法の質を高め、体系的に政策科学としての体質を強めるためには、ブレイン・ストーミング法自体を補う手法が必要となります。この補完手法としては、組織的に、

① 発想を滑らかにすること
② 異なる観点からの見方を充実させること
③ 幅広い角度から柔軟な発想ができること
④ 案を深く掘り下げ他者への説明力が上がること
⑤ 独創的な案を生み出す機会が得られやすいこと

⑥　常に新たな発想を考える習慣を組織的に身につけることです。

（ＫＪ法とアローダイヤグラム＋目的展開）

ブレイン・ストーミング法を論理的に整理し、問題解決の糸口をつくる方法として、文化人類学者の川喜田二郎が考案した「ＫＪ法」があります。ブレイン・ストーミング法で出された様々なアイディアを、より大きな要素でくくり直し、それに表題をつけグループ化します。グループ化したところで、不足した要素があれば、再度ブレイン・ストーミング法に戻り、必要な要素を加えます。グループ化したのちには、各グループ間の関係を矢印等でつなぎ、連関構造（単純相関、因果関係、対立関係等）を表現します。これにより、ブレイン・ストーミングで対象となる事象の構造を明らかにすることができます。

別の整理方法として、ブレイン・ストーミング法で提示された事象を起点にして、左側に原因、右側に影響を整理する「アローダイヤグラム」という方法もあります。これにより、「なぜ？」との問いかけを繰り返すことで、事象の要因を探るとともに、「その結果は？」との問いかけを繰り返すことで、その事象を放置した場合の影響を考察することができます。

一方、事象に対して単に要因を探るだけでは、現状追認型の問題解決を志向する結果となります。そこで、事象を解決する目的を明らかにするために、「何のために？」という問いかけを繰り返すことで、改めて高次の目的を認識した上で、本来必要な要素を組み立てるという「目的展開」を組み込むことで、目的志向の問題解決につながりやすくなります。

（オズボーンのチェックリスト）

さらに、補完手法として代表的なものとして、ブレイン・ストーミングの考案者であるオズボーンが作成した「オズボーンのチェックリスト」があります。この活用は、欠けている視点を認識し補うことにあります。チェックリストは、具体的には以下の九点で構成されています。

① 転用（新しい使い道や他分野への活用の視点は欠けてないか）
② 応用（類似したものや真似の視点は欠けてないか）
③ 変更（意味、機能、様式、手順等構成要素を変える視点に欠けていないか）
④ 拡大（規模、高さ、長さ、時間、頻度、機能を変えるなどの視点に欠けていないか）
⑤ 縮小（より小さく、軽く、短く、分割やダウン・サイジングの視点に欠けていないか）
⑥ 代用（人、物、手法、場所等他のものに入れ替える視点に欠けていないか）
⑦ 再利用（既存の要素、型、配置、順序等を変える視点に欠けていないか）
⑧ 逆転（反転、前後、順番、機能等を転換する視点に欠けていないか）
⑨ 結合（他との組み合わせなどの視点に欠けていないか）

以上の視点を確認することです。もちろん、このリストは、視点が欠けていないかどうかのチェックであり、自動的に創造性を生み出すものではありません。補った視点を政策思考の仮説設定に結びつけていくことが重要となります。

（強制連関法）

「強制連関法」は、米国のチャールズ・ホワイティングが考え出したもので、一見、関連のない二つのものを強制的に関連づけながら、アイディアを生み出す技法です。

たとえば、第一段階では身近なところにある領域を思いつくままに列挙してリストを作成します。次に、第二段階として、リストの中の特定のものを取り上げ、ほかのものとひとつずつ関連づけながら発想していきます。

（アナロジー法）

「アナロジー法」は、類推の原理や事例を活用する方法で、既知の知識を応用して似たような新しい事柄について思考する技法です。未知の問題に直面した場合、すでに知っている類似の事柄と関連づけて類推し、ヒントを得るところにポイントがあります。ある問題について、当該テーマと似たような物や事柄を思い浮かべて、そこからヒントを借りてくる方法です。

（等価変換法）

異なる二つのもの（たとえばAとB）の間に、等価的なもの（共通点や類似点）を見つけ出し、それを手がかりに思考の流れをAからBへ変換させることで飛躍的なアイディアの発想を得るものです。

たとえば、「クモの巣」と「小売店」とは表面上何の関係もありませんが、クモの巣と小売店との共通点や類似点など等価的なものを考えながら、クモの巣の特性をあげてみると、獲物が向こうから来るのを待つ、立地により収獲量が左右される、エサが大きすぎても小さすぎてもいけない、ときどき張り替えが必要であるなどです。クモの巣の特性から、小売店経営に役立つヒントをつかむことになります。

仮説設定の課題

政策思考自体が複雑性や相互連関の視野を必要とします。このため、政策は単一の専門の領域外にはみ出し、複数の超領域的アプローチが求められます。しかし、現実には、各分野の縦割りの断片的視野や制度の中で行動し、超領域的に展開することができていません。こうした政策に対する対応自体に、弱点・欠陥が存在することを認識することがまず必要となります。

認識すべき課題は、

①　明確な目的を所与とした最適化が中心的問題となるのではなく、意思決定者の目的や価値規範が不明確でそれを明らかにすること自体が取り組むべき問題の中心課題となることが少なくないこと

②　価値規範が絞り込まれず、目的のほとんどは複数の価値を含むこと
③　問題は異質価値観の上に形成され、異質価値観間の調整を含んだものになること
④　政策目的と手段の一体的多層的構造であり、目的・手段・分析の適切性判断に制約が存在すること
⑤　良い決定の基準は最適な手段ではなく、多くの人たちが同意できることに求められがちであること
⑥　目的や手段の集合は網羅的ではなく、部分的に認識され比較されることが多いこと
⑦　長期的な視野、広い視野、深い分析といった高度の能力が要求されること
⑧　政策は、様々な不確実性を抱えていること
⑨　意思決定は、分析だけではなく、判断に大きく依存していること
⑩　政治的・組織的考察を含むことで、実施上の問題の考察を重視する必要があること

などです。こうした特色に対して、伝統的に縦割り、断片的思考手法には、
①　問題を狭く定式化する傾向が強いため、政策領域が空白となりやすいこと
②　分析のための理論も断片的に専門化しやすいこと
③　価値規範に基づく方法論が欠如しやすいこと
④　信頼できる事実に関する知識、陰伏的な公理的仮定、試論的な理論、概念的分類法、疑わしい仮説、隠された価値判断等様々な要素が混然としていること
⑤　政策思考的研究や政策決定、政治自体の重要な特徴が無視される傾向にあること

⑥　資源の制約を無視する傾向があること

⑦　基準があいまいなため、流行に支配される傾向が強いこと

などの課題が存在します。

以上の特性や課題を踏まえ、仮説設定の思考を進化させていく必要があります。

6 オッカムの剃刀

政策思考について、最後に「オッカムの剃刀の原則」、別名「単純性原則」をご紹介します。

政策には様々な価値観が絡み、実効性を担保するには常に多くの視点に目配りする必要があります。しかし、政策思考のスタート時点では、できるだけ利害関係はそぎ落とし、原因と結果の関係を単純に認識し、できるだけ政策の内容や執行方法は複雑化しない視点からスタートすることが重要です。政策の内容や執行方法を最初から複雑に認識し思考すると、政策効果も分散され実現すべき理想自体も不明確となります。

（単純性と完全性）

政策思考のスタートでは、可能な限り単純化して思考し、段階的に利害関係に配慮していくプロセスが必要となります。もちろん、オッカムの剃刀は、単純さを最優先することを意味しているものではありません。単純性があっても完全性がない政策は、実効性において劣位となります。完全性とは、問題となっている現象の全てを視野に入れ対応していることです。単に、きめ細かく網羅的であることを意味しているのではありません。あくまでも優先順位を付けた中での視野であり、単純に細かくし全ての現象に対処するものではありません。

単純性のある政策であれば、より完全性が高い政策、完全性のある政策であれば、より単純性の高い政策を選択することになります。

第4章

政策決定プロセス

前章で、「観察」「分析」「仮説設定」で構成される政策思考のプロセスを整理してきました。本章では、政策の選択肢がまず現実の経済社会の中でいかなる意思決定の流れが形成されているかを整理し、政策決定における人間行動をみます。

政策決定をモデル化する目的として、

① 公共政策決定及び政治に対する考え方を情緒的、感覚的ではなく簡明化すること
② 政治問題の重要な側面と要因を明らかにし、政策への理解と質的向上を実現すること
③ 政策を説明し結果を予測し最善の政策を示唆することで議論の活性化を促すこと
④ 政策決定の本質的特徴を伝え、政策に関する人々のコミュニケーションを助けること

などをあげることができます。

政策決定モデルを具体的に理解することは、自ら政策形成を行う際の重要なツールとなるだけでなく、政策決定や政策の質、問題点等を判断するためのツールとして重要な役割を果たすことになります。

1　政策決定の基本モデル

グループモデル

政策意思決定モデルとしてまずあげられるのは、「グループモデル」です。グループモデルでは、政策を経済社会における諸利害関係グループ間の相互作用と闘争の産物ととらえることを基本とします。利害関係集団間の調整で生み出された政策を、「代表的政策」と呼びます。

その際の「グループ」とは、「一定の利害あるいは態度に基づいて、社会の他の集団に対して何らかの要求を行う個人又は企業等の集まり」であり、グループが一定の利害や態度を実現するため政策形成に影響力を行使しようとする闘争が政策決定プロセスであると考えます。別の表現では、諸アクター（利害関係集団）間の均衡をグループ間の影響力によって決定することといえます。

グループモデルでは、政治との関係が当然重視されます。そこでは、政策決定に対する利害関係者間闘争に関するルール確立が政治の重要な課題となります。このため、通常は様々な利害をバランスさせ、妥協を取りまとめることが、政策決定プロセスとして極めて重視される結果となります。政治との関係において、利害関係の妥協を政策の形に取りまとめ、取りまとめたものを着実に実施することのルール化が、政策モデルの核を形成します。

妥協を取りまとめるためのルール化では、利害関係の構成メンバー数、財力、組織力、リーダーシップ力、内部的拘束力、最終意思決定者への近接度合いが、重要な要素となり、政治活動が利害関係闘争と位置づけられます。政策決定者は、諸集団からの圧力に反応し、取引、交渉、妥協をする主体として機能します。

増分体質の縦型ネットワークで専門化・細分化が進んだ背景には、グループモデルの存在が強く機能しています。利害関係調整の単位を細かくして参加する集団の数を限定化することで、利害調整の効率を高めることを実現しました。

グループモデルは、民主主義的社会における政策決定の動態の面をとらえるものである一方で、政策プロセスにおける利害関係者以外の要素を軽視しがちであり、とくに政策の新たな展開によって新しい集団が形成されることに注視しない大きな欠点があります。

エリートモデル

グループモデルは、そもそも政策に関心のある利害関係者に焦点をあてたモデルです。現実社会は、必ずしも政策に関心がある人々ばかりではなく、多くの場合、中道層や無関心層が多いのが実態です。エリートモデルは、こうした実態を踏まえ、特定のエリートが大衆の意見を形成し、その上でエリートの選好を表したものが政策であるとします。

エリートモデルは、

①　経済社会を「権力を持つ少数者」と「権力を持たない多数者」に分け、少数者のみが価値配分を実行するととらえること

②　支配する少数者が多数の代表であるとする政治ルールを形成すること

③　ノンエリートからエリートへの地位の転進を漸次的に認め、組織の安定を図ること

④　エリート間での強いコンセンサスを形成し維持すること

⑤　エリート間の有力な価値を反映させ、形成する政策の変化は漸進的・増分的であること

などに特色があります。エリートモデルの体質としては、次のことなどがあげられます。

①　本質的に保守的であり現状維持を基本とすること

②　一般大衆は、受動的・無関心・十分な情報を持っていないものとみなし、民主主義的な制度は象徴的存在と位置づけやすいこと

③　経済社会システムの安定性と存続を支えること

制度論モデル

政策決定に関する理論としてさらに「制度論モデル」があります。制度論モデルは、公式組織・法的権力・手続き的規則・機能・活動、さらに各機関相互の公式関係に焦点をあて、政策決定を考えるモデルです。

内閣の構造、与野党関係、各省庁の関係など、政策決定をめぐる制度的関係を軸に考える方法であり、政策決定を考察する上で重要なモデルのひとつとなります。公共政策は、政治や行政機関等政府諸機関の活動が重なり合って生み出される制度的アウトプットであると考える点に特色があります。そこには、次の三つの明確な特徴があります。

① 政策は政府の立法手続きで合法性が与えられ、人々はそれに従う義務を負うこと

② 政策は普遍性を持ち当該立法内容に反対の他の利害関係集団や組織も含め、社会における全ての人々に適用されること

③ 政府のみが政策に関する強制力を持ち、利害関係集団が描く政策と異なり広範な制裁力を持つこと

政府の立法活動によって合法性が与えられた政策は、特定の利害関係団体や組織が提示する政策と異なり、原則として一国の全ての人々に適用され、広範な強制力を持つことになります。

こうした広範かつ強力な強制力を持つ政策の決定プロセスについて、決定の構造に焦点をおき、組織、任務及び機能を議論するのが制度論モデルです。反面、政策決定の構造的側面とそこで形成された政策の内容との関係についてはあまり注意が払われず、政策決定に関する制度上の諸特性が政策アウトプットにどのような関連と影響を与えているかは重視しない点に課題があります。

しかし、現実の公共政策の決定では、政党や行政機関等は一定の構造化された行動パターンを持ち、制度上の特色が公共政策の内容に大きな影響を与えます。とくに、政党や行政機関は、利害関係グループと

相互関係を持ち、諸機関の構造的特性によってどのような個人やグループが政府権力に対するアクセスの便宜を持つかによって、制度や組織構造は同じでも社会的利害に対して中立的ではなく、重要な政策上の影響力を持つことになります。

制度論モデルの課題は、政府諸機関の制度的仕組みと公共政策の内容の間にいかなる関係を有するかを、歴史的・国際比較的、そして体系的に整理することです。制度的構造変化が必然的に公共政策の質に変化をもたらすとはいえません。それは、制度的構造も公共政策も共に社会的・経済的・政治的な環境要因の影響を強く受けているからです。

プロセス論モデル

以上の制度論モデルに対して、制度や構造ではなく、政策決定のプロセス・政策決定行動に焦点をあて、政策を考えるモデルが「プロセス論モデル」です。プロセス論モデルは、政策決定のプロセスの諸段階をいくつかの行動パターンのつながりとしてとらえます。代表的な政策決定・執行に関するプロセス論では、次の流れが提示されます。

① 政策問題の実施
② 政策提案の立案（設定された問題のための解決プログラムの検討）
③ 技術的評価の実施、支持の取り付け

④　政策決定
⑤　政策の実施
⑥　政策の評価（政策のプログラムのアウトプットを測定し、社会へのインパクトを評価）

プロセス論モデルの重要な特色は、政策の実態的内容ではなく、形成と実施のプロセスにのみ焦点をおいて限定的に考える点にあります。政策の内容に踏み込まず、形成・実施の流れを重視する考え方です。

プロセス論の利点として、

①　現実の政策決定をベースとしており、分析的アプローチとして極めて有効なこと
②　基本的な政策決定・実施プロセスを対象としており環境変化に対して弾力的に対応でき、経験的に必要と判断されたら新しいプロセスを追加できること
③　政治プロセスを動態的・発展的に捉えることが可能であること
④　異なる文化や国を越えて適用可能であり、比較分析も可能であること

などがあげられます。

これに対して、プロセス論の課題としては、

①　政策の実態的内容に関心を持たないこと、すなわち、政策決定・実施プロセスと公共政策の内容との間にある相互関係が考慮されないこと
②　現実には政策プロセスを明確に区分することは困難であり、必ずしも直線的に形成されないこと

などがあげられます。

政策を考える場合、コンテクスト思考を活用し、制度論的モデルとプロセス論モデルを組み合わせ、制度プロセス論としてとらえていくことが有用です。こうしたモデルからまず自らの関心のある政策に接近することができます。

2 合理的政策決定モデル

合理的政策決定モデルとは、政策目標の効率的達成を追求するモデルであり、直接的に金額で測定できるものだけではなく、社会的・政治的・経済的価値を視野に入れて検討するモデルです。

純粋な合理的政策決定モデルでは、次のことなどが前提となります。

① 全ての価値の社会的選好と相対的重要度の情報を形成可能と認識すること
② 採用し得る全ての政策代替案についての情報を持つこと
③ 各政策代替案をとったときの全ての結果についての情報を持つこと
④ 各政策の代替案により犠牲にされる価値に対し達成される価値の比率、あるいは両者の差を計算できる能力があること
⑤ もっとも効率的な政策代替案を選択する能力があること

しかし、現実にはこのような合理的意思決定を支える前提条件を満たすことはできず、多くの障害があります。すなわち、

① 社会全体で合意が成立する社会的価値は存在しないこと
② 価値の多くは相互比較や重みづけが困難・不可能であること

③　様々な権力や影響力の働く環境の中で政策決定者が多くの社会的価値を正確に評価し重みづけることは困難であること
④　政策決定者は、満足化を追求し最適化を求めるとは限らないこと
⑤　過去の決定により排除された政策を再考することは政治的にも困難であり、選択肢から自動的に除外されやすいこと
⑥　可能な政策代替案及び代替案の結果に関する情報を完全に収集することは不可能であること
⑦　代替案のもたらす結果を全範囲にわたって正確に予測することは困難であること
⑧　結果に関しても不確実性があること
⑨　縦割り組織による政策決定のために意思決定の調整が困難なこと

など、多くの課題が具体的に存在します。

このため、合理的政策決定モデルと現実の政策決定との間には大きな隔たりがあり、合理的政策決定モデルは政策決定の理想形をものさしとして示す役割を主に果すことになります。したがって、合理的政策決定モデルで直接的に政策が決定されるのではなく、利害関係者間の調整で展開するグループモデルなどの政策決定の説明責任と質的向上を支える役割となります。

3 政策思考・政策評価における二つの仮説

合理的形成仮説

前節でみた合理的政策決定モデルは、政策サイクルにおいては合理的形成仮説として位置づけられます。政策展開を、事務事業や施策ごとの目的と手段の連鎖、いわゆる政策の樹としてとらえた上で、費用対効果分析等の定量的指標を中心とする社会科学的分析手段と、その結果を政策の質的改善の柱として位置づける考え方です。

すなわち、数理的政策思考、科学的分析手段によってもたらされる費用対効果分析等の結果は、次の政策形成プロセスを通じて必ず政策の樹の連鎖構造の中に組み込まれ、政策の抜本的見直しに貢献することを前提として位置づけられます。このため、

① 政策に関する意思決定に参画する政策形成者は、評価機関が下した結果を受け取り、その結果に基づいて政策の存廃も含めた大胆な政策の見直しを実施すること

② 評価結果が政策形成に確実にフィードバックされることを前提としているため、評価機関の構成員は行政の政策形成には関与しない独立した位置づけを基本とすること

などに特色があります。

多くの地方自治体の政策評価制度は、外部者を中心に構成する評価委員会を形成し、その審議において費用対効果分析、あるいはそれに替わる達成率、満足度などの定量的指標の活用に努力し、評価結果をまとめ首長に提出する方法です。仮説に対する認識の有無にかかわらず、合理的形成仮説をベースに組み立てられていることが多い状況にあります。

しかし、自動的とまではいかなくても、提出された評価結果が次の政策形成や予算編成に着実にフィードバックできるかといえば、現実的には困難な場合が圧倒的に多いのが実態です。それは、定量的指標によって行われた評価結果が、現実の多様化する住民ニーズ、過去から積み上げてきた地域の既得権的構造、国や都道府県からの関与などと一致せず、政策形成・展開をめぐる解決困難な構造的対立を生み出すことによります。すなわち、現実の政策評価を取り巻く政策形成等の環境は、次にみる組織的形成仮説に依存しており、合理的形成仮説を前提として構成された政策評価制度との間に大きな乖離を生じさせています。

この乖離を克服せず、表面的・形式的に合理的形成仮説による政策評価制度を維持しようとすれば、目標値等定量的指標の設定に介入し、達成可能な目標水準を設け、現実と評価結果の乖離をなくす糊塗的方策が選択されます。さらには、定量的な分析手法そのものに恣意的要素が加わり、政策評価自体を事務的ルーティンワークとして位置づけ、実際の政策形成等とは分離した存在となるなど、政策評価制度の存在意義を失わせる実態に陥ります。

組織的形成仮説

合理的形成仮説に対して組織的形成仮説では、グループモデル、エリートモデル等の人間行動による定性的側面を重視し、評価機関は外部者を含め構成されるものの、評価結果は必ずしも次の政策形成にフィードバックできるとは限らないと考えます。

費用対効果分析や達成度等の定量的指標は活用するものの、その評価結果は政策形成のひとつの判断材料であると同時に、政策評価結果の公表は、行政の内部、議会そして住民に対する情報共有的性格を強く持ちます。すなわち、自動的に事務事業・施策等政策のあり方や予算を見直すのではなく、まず議会・行政・住民も含め、政策を議論する土壌形成に目的の中心を置きます。このため、評価機関による評価結果は、政策形成のための参考材料になることはあっても、合理的形成仮説のように必ずフィードバックされる位置づけとはなりません。仮に、形式的にフィードバックされても政治的意思決定が最終的には優先することから政策の存廃等急進的な形ではなく限定的一部修正型（いわゆる「漸次的」）での見直しが中心となります。

もちろん、一部には、赤字が累積した第三セクターや病院等の特定の事業を、大胆に評価制度を活用し見直すことがあります。しかし、それは、首長や行政が政治的政策判断として設定した特定事業について、廃止等の結論を多くの利害関係者に納得してもらうための手段として評価委員会の評価結果を活用する場合が多く、合理的形成仮説ではなく政治的判断が優先する組織的形成仮説そのものを背景としています。

組織的形成仮説では、評価機関の評価者が、自ら判断した評価結果を次の政策形成に少しでも反映させるには、合理的形成仮説の場合とは異なり、政策形成に積極的に関与する位置づけが必要であり、そのためには、評価に当初より地方自治体の幹部等が何らかの形で積極的にかかわることが実質上有益となります。政策評価をめぐる組織的形成仮説は、政策決定をめぐる「グループモデル」と基本形態と親和性が高くなります。

第5章

政策の議論・交渉

政策形成の過程において、開かれた議論を展開することが、民主主義の前提となります。どんなに素晴らしい新たなイメージを描いても、その内容を他者に伝え共感を得なければ、現実の政策として実行することはできません。

また、「議論」と「交渉」は異なります。「議論」とは、相互に根拠を示しながら情報共有し、相互の考え方の問題点・矛盾点などを整理・改善しつつ、さらに良い政策を求めていくために行うコミュニケーションです。これに対して「交渉」とは、相手に自分の利害を認めてもらい、合意に達するために行うコミュニケーションです。このため、交渉の場合は、自ら持っている情報を全て提供するとは限りません。

現実の政治、行政の中で展開されているのは、政策議論ではなく、政策交渉が中心となっています。国の府省の担当間で、「合議」と呼ばれる法案や政策に関する意見交換を行います。これも、政策交渉としての性格を強く持ちます。

以下では、政策を考えていく場合の政策議論のあり方と対比しつつ、政策交渉にも視野を広げ整理します。

1 政策議論の実態

政策議論は、より良い政策を追求するために展開することを基本とします。しかし、議会、行政、住民参加の会議等現実の政策議論をめぐる人間行動は、必ずしもこの目的に沿ったものとはなっていません。その実態を理解するモデルを紹介し、現実に展開される政策議論の改善すべき点をみます。

ゴミ箱モデル

「ゴミ箱モデル」とは、政策議論の実態を各種の問題とその解決案とが乱雑に混ぜ合わせて入っている「ゴミ箱の中での議論」としてとらえる考え方です。具体的には、政策形成を通じて関与する人々や組織が、①不明確な選好、②明らかではない技術、③流動的参加をベースとして活動することで、「組織化された無秩序」の政策議論を生み出すと考えます。

地域や組織の政策議論では、独自の利害関係を持ついろいろな参加者や集団がかかわることで、多様な問題点が無秩序に政策議論のプロセスに持ち込まれ、輻輳した解決案が様々に考慮される流れを形成します。そこでの選択は、「いろいろな種類の問題や解決案が参加者によって生み出され、投げ込まれるゴミ箱」と同じ状況となり、ゴミ箱の中での議論と選択になります。ゴミ箱の中の混然一体とした状態は、利用可能なゴミ箱の数と種類、それぞれのゴミ箱に付けられているラベル名（利害関係集団の数、縦割りの位置づけ）、投げ込まれるゴミの性質、ゴミが集められまた取り除かれていくスピード等により異なります。

そして、ゴミ箱的政策意思決定の中で、どのような問題及び解決案が脚光を浴びるかは、すなわち政策思考の中心を形成するかは、会議ごとにいかなるメンバーが出席するかに左右されます。

また、あるときには、問題点は別のゴミ箱へと投げられ、解決案が見つからないためゴミ箱の中で無視されることもあります。ゴミ箱モデルの特性としては、

① 特定の問題があって、それ解決しようとして人々が動き始めるのではなく、解決案の方向性が先にあり、そこからさらに特定の問題を探し始めることが多いこと

② 特定の同質化された参加者の会議への組み合わせを生み出すことが可能な場合、参加者の利害関係が同質化しやすいため、人々は問題の解決に積極的に取り組むこと

③ 論理的な問題解決ではなく、解決案と問題とは別々の流れを形成すること

④ 解決案の提示が逆流し、再びどの問題を重視するかスタートラインに立ち戻る場合も多いこと

⑤ 議論の流れの姿によっては、従来、試みられなかった主張が出現し、極めて急激な議論の変化が生まれる可能性があること

などがあげられます。

行政等の審議会でメンバーの選出が大きな課題となり、メンバー構成でほぼ結論が決まるなどといわれ

る場合があります。そうした指摘も、ゴミ箱モデルの特性である「②」などを反映した結果といえます。

現実の政策議論は、程度の差はあってもゴミ箱理論の特性を有しています。その特性を単に批判するのではなく、特性を踏まえて政策議論を組み立てる取り組みが必要となります。

2 政策議論の留意点

政策議論は、より良い結論を得るため相互に考え方と根拠になるデータや情報を提供し共有しつつ、意見、疑問をぶつけあうプロセスで、民主主義の基本となります。しかし、議論する場合、次の構図に陥らないように留意する必要があります。

シャットダウン議論

政策議論においてもっとも避けなければならないのは、「シャットダウン議論」です。

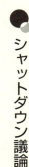

これは、価値観の違いを理由に議論を終わらせる姿勢です。「価値判断の問題」「価値観の違い」などの言葉で議論を整理する姿勢で、価値観の異なる他者との協力関係を形成する公共性の観点からも、あるいは特定の価値観や視点を当初から排除してはならない政策の倫理の面からも避けるべき姿勢です。議論を打ち切り、あるいは当初から排除するのではなく、議論を重ねる中で、相互の異なる価値観の矛盾点や整合性などの確認を優先する必要があります。

しかし、現実の国会や地方議会の議論では、相互の価値観の違いを大前提として、相互批判や単なる一方的な批判型の議論が繰り返される場面が少なくありません。こうした状況は、政策議論ではなく政策主張の繰り返しであり、実質的にはシャットダウン議論と大きな違いのない態度となっています。

（矛盾と整合・馬鹿げた結論）

「矛盾」とは、議論の中に含まれる言明の内容が真であると同時に偽であることを意味し、真であると同時に偽とはなりえないことを「無矛盾律原則」といいます。一方で、「整合」とは、複数の内容が全て真または偽である状態をいいます。複数の内容の一部が真で一部が偽である場合は、「不整合」と呼びます。矛盾や不整合性が存在する場合、その議論の信頼性は揺るぎ、再度の検証を必要とします。矛盾や不整合を抱える結論のことを「馬鹿げた結論」とも表現します。

国会や地方議会等の議論でも、相互に批判し合うだけでなく、他方の政策内容の矛盾や不整合な点を指摘し改善を求めていくことは重要な政策議論といえます。価値観が異なる内容であっても、その中に潜んでいる矛盾点などを改善していくことは、より良い政策を求めていく基本的姿勢となるからです。

なお、議論において矛盾点や不整合な点を整理するのではなく、議論当事者の個人的問題や感情論にすり替えることを「個人的話にする」といいます。個人的話を議論に組み込むことは、政策議論として意味がないだけでなく弊害となることから、絶対に避けなければならないことは当然です。

ゴールポストの移動

シャットダウン議論に続いて避けなければならないのは、「ゴールポストの移動」です。

これは、政策の論点を議論し、解決に向けた筋道を積み上げるのではなく、論点をどんどん変えていき、結論を得ることを避けようとする姿勢です。どんどん論点を変えていくことから、木の枝を飛び移るムササビ型の議論でもあります。結論を得ることを避けるだけでなく、過度に細部にこだわる「ダメ出し議論」にも結びつきます。

また、ゴールポストの移動は、議論の根拠となる情報や証拠を節約的に活用、すなわち不十分であるにもかかわらず結論づけたい場合に展開されることも多く、そこでは不十分な根拠による「希望的観測」の議論を積み重ねる結果となります。ゴールポストを移動し続け、ダメ出しを繰り返す中で、時間が経過したことを理由に、「かなり時間を費やしたのでそろそろ結論を出しましょう」、あるいは「十分に議論が行われ結論を得る時期が熟している」等の理由で結論を得る流れがつくられることがよくあります。しかし、その実態は、議論はほとんど行われず、時間経過を理由に結論だけを求める「悩んでいる」構図の繰り返しとなります。希望的観測で政策議論を積み上げると、そこで生み出された結論は多くのリスクを抱えることになります。

みんなの罠、否定と論駁

政策議論では、よく「国民は……」「住民は……」「みんなは……」といった表現が使われます。しかし、国民全員、住民全員がその議論に賛成あるいは反対していることはありません。こうした表現によって、国民など全員が同様の考えや行動を選択しているかのように表現することを、「みんなの罠」といいます。

「みんなの罠」の表現がとられる背景にも、希望的観測が潜んでいます。「同罪の仲間」と呼ばれる現象であり、「みんな」を意味せず、せいぜい「多数」あるいは「何人か」を意味するにすぎないのに、安易に全員を意味する言葉を使用します。みんなの罠は、短期的に生じている現象の軽重あるいは普遍性を判断せず、「みんな」の言葉で正当化する手段であり、出来事の本質を把握せずに結論を出す悪いポピュリズム体質を強めます。

なお、政策議論における「否定と論駁」は異なります。「否定」は、ある内容に対して反対の意見を表明しただけで、「論駁」は証拠を示して反対することです。希望的観察に対しても、論駁することが重要です。

権威による真理とジャーゴン

権威による真理とは、真実を追求する上で専門家の知見を絶対視することです。専門家の知見は、極めて重要です。しかし、どんなに権威のある専門家の知見でも「あらゆる専門」は困難であり、また特定領域でも懐疑性を抱えます。懐疑性とは、決定的な意見を持ちえないことを意味します。専門家の意見だからという理由だけで、結論を正当化することはできません。専門家の意見でも必ず検証が必要であり、セカンド・オピニオンもそのために求められるといえます。

同様に「ジャーゴン」とは、特定の領域や関心者を結びつけるために使用される用語を意味します。これは、専門家の領域で意思疎通するための単なる専門用語ではなく、不必要に理解しがたい言い回しや表現で意思疎通を行おうとする言葉です。一般的に表現できるにもかかわらず専門用語を過度に羅列し文脈に組み込む場合、その内容には不明確な点が潜んでおり、十分に留意する必要があります。なお、官僚用語や行政の専門用語を羅列することも、ジャーゴンに該当します。分かりやすい説明において、平易な表現のみを求める姿勢が出来事の真実への追求を困難にすることと同様に、難しい言葉の羅列が真実への追求を困難にします。

政策議論も人間行動のひとつです。議論の中から人間行動の質を見出し、より良い結論に結びつけることは、政策議論の質の向上のためにも重要となります。

3　共に考え、共に行動すること

政策議論の本質は、価値観の違いを克服し「共に考え、共に行動する」ことです。政策議論では、お互いに自らの考えを提示し、その根拠を明確にすることが必要です。しかし、それに止まらず、提示した根拠を相手も検証できるようにすることが不可欠です。お互いに根拠を検証し、その矛盾点などを改善し合う姿勢です。

共に考え、共に行動するには共通の言葉が必要になります。前節でみた、ジャーゴンやみんなの罠などが、なぜ政策議論に有害な存在であるかの理由はここにあります。普通の言葉とは何でしょうか。過度に難しい言葉、官僚や業界用語、過度に平易な言葉ではなく、一般的に広範に使用されている言葉です。たとえば、民間企業で展開される企業会計と行政で展開される公会計では、どちらがより多くの人に理解されているでしょうか。企業経営、商店経営、民間取引にかかわる人は、公務員以上に多く、企業会計的処理が一般的に広範に理解されています。そこで、政策をコスト面から考える場合、企業会計的視点から議論し、共に考え、共に行動することが重要となります。

公会計と企業会計

民間企業のコスト概念では、フルコストの把握が重要となります。民間企業では、自らの活動に必要な全ての費用を将来までも見越して（減価償却引当金、退職給与引当金等）計上し、その上ではじめて利益が認識されます。こうした認識を企業全体としては当然のこと、部門や事業ごとにも展開しています。

これに対して、国や地方自治体をはじめとした公的部門では、予算制度を通じてそれぞれの部局ごとに分断されたコストのみが縦割りで把握され、人件費、総務費、企画費などの間接費等を事業ごとに配分する等によるフルコストの把握は一般的に行われていません。このため、事業部局が総務、財務、評価などの間接部門の作業のために投入したコストを把握することはなく、間接部門に時間を投入しても部局ごと、事業ごとのコストに影響を与えることはありません。

たとえば、事業部のA事業に関する予算獲得や評価作業への対応に、事業部の総括担当者、あるいは財務部、評価部の職員がいくら時間を投入しても、A事業の予算上の事業費は原則として増大しません。それは、各職員が予算編成や評価作業に対して投入したコストは、人件費や財務部、評価部の予算に計上され、A事業費として配賦加算されないからです。この結果、A事業に実際に投入された間接費を含むフルコストは把握されず、一部のコストのみで評価される結果となります。

一方で、予算編成や評価作業等の間接部門にいくら時間を投入しても個別事業費に影響しないため、全体を可視化することができません。このため、予算編成や評価等の間接部門に対する作業に多大な時間を投入していても、直接コストとして認識されず、非効率な構造が放置される結果となります。仮に予算編成や評価作業の間接コストも適切に各事業に配分し計算されれば、予算編成や評価に投入された時間や作業が多くなるほど、各事業のコストは増加します。このため、間接部門の効率化に対する要請を強めることが可能となります。

以上の公会計と企業会計の違いは、単に会計や予算に影響を与えるだけでなく、組織を通じた人間の集団行動にも大きな影響を与え、政策思考の質にも決定的な変化をもたらします。

機会コスト

機会コスト概念は、現金主義を基本とする国や地方自治体では理解の難しい概念です。機会コストとは、そもそも希少性を前提とする概念であり、右肩上がりで新しい資源を追加投入できる時代にはあまり意識されませんでした。しかし、二一世紀において、財源も人材も時間も大きく不足し希少性を高めており、希少化する財源、人材、時間を少しでも比較優位の分野に投入し、より良い行政サービスを提供することが求められています。たとえば、会議に費やしている時間はタダではありません。その時間を行政サービスの提供に割けば、公共部門としての付加価値を高めることができます。もちろん、会議が無用ということではありません。会議を効率的かつ有効に行うためには、会議を行わなかった場合に公共部門として高めることができた付加価値を常に認識することが重要となります。

機会コストの意識は、政策評価にも影響を与えます。たとえば、職員研修の講師にかかる直接的コストは、謝礼と交通費程度です。この現金主義による概念からすれば、研修を受ける職員がいかなる地位の人であっても同じコストとなります。しかし、明らかに部長クラスと新入職員クラスでは、機会コストは大きく異なります。部長クラスへの研修は、人数が少なくても給与水準は高く、かつ機会コストも大きくなります。機会コスト等を踏まえた政策評価では、部長クラスと新入職員クラスに同じ内容の研修を実施すれば、部長クラスを対象とする研修の費用対効果は、新入職員クラスへの研修よりはるかに悪い結果となります。こうした気づきの意識を持つと、講師も受講者も研修に臨む姿勢が変化します。

以上の機会コストをはじめとした意識は、施設の統廃合はもちろんのこと、議会機能のあり方などの議論にも、重要な視点となります。公会計に企業会計的視点を組み込むことは、政策議論を共通の言葉で展開し、新たな視点を見つけ出すことが大きなポイントとなっています。企業会計の導入を、単純に公的部門に収益概念を組み込み、赤字・黒字で事業などを評価することと考えると、その意義は大きく低下することになります。

注意喚起情報・恐れの論理

なお、機会コストなどは、創造的政策、異化効果を生み出すことに大きく結びつく会計情報です。会計情報には、そもそも国や地方自治体の財政に対する国民への注意を喚起する情報としての機能が存在します。情報には、次のことが求められます。

①　目的適合性（情報利用者に過去・現在・未来を認識・予測させ、評価や意思決定に資する情報）

②　信頼性（情報内容が現実の事柄に明確に対応する忠実性と検証可能性が担保されていること）
③　比較可能性（他の主体や時間軸と比べることが担保されていること）
④　首尾一貫性（全体として統一された手法が採用されていること）

注意喚起情報の取り扱いについては、「恐れの論理」に留意する必要があります。「恐れの論理」とは、「誤解や不安を与える」として注意喚起情報自体を開示しない姿勢です。このような恐れの論理は、政策議論の質を悪化させるだけでなく、「一％の恐れで九九％の国民ニーズを無視する」実態に陥る危険性が高いことに留意する必要があります。

下からの民主主義・下からの政策議論

政策議論の質の向上は、地方議会の機能強化にはもちろん必要不可欠な課題です。地域共同体の成員たる住民の意思を国民主権と結びつけるには、「下からの民主主義」の概念が重要となるからです。

民主主義は、「上からの民主主義」と「下からの民主主義」に分けることが可能です。「上からの民主主義」とは、国家統治、産業国家や福祉国家等の確立のため国が画一的・集権的に意思決定し、その結果としての制度・政策を地方に適用する形態です。「下からの民主主義」とは、国家を形成する基盤としての地域ごとの特性や地域住民の意思を優先的に位置づけ、地方の意思決定を重視し国家統治等を確立する形態です。

下からの民主主義は、権限踰越の原則を克服する手段でもあります。権限踰越の原則とは、英国で「ウルトラ・バイリース」と呼ばれる原則であり、「条例は一般法と首尾一貫しなければならない」「条例は当該地方自治体の権限内のものである」ことなどを内容としている原則です。こうした原則が、地方自治の大きな壁を形成している面もあります。これを克服するには、下からの民主主義が不可欠となります。

地域の視点から見た場合、上からの民主主義は、上からの公共性・非自発的関係による公共性を生み出します。国の法令、権限、関与、補助金等の行財政を通じて、上意下達的協力関係を義務づけるからです。そこには、法令や予算等で明文化した関係に加え、実社会における権力関係も関与します。上からの公共性・非自発的公共関係は、公共性を担う主体たる国が主導的に明示、あるいは権力関係のもとで、協力関係を形成する考えが基本となります。一国としての統治形態が十分に確立していない段階、大規模災害復興など異常時の段階、そして大量生産・大量物流・大量消費を基本とする画一型産業国家としての発展段階では、上からの公共性が、経済社会の安定と発展に重要な役割を果たします。しかし、超少子高齢化、グローバル化が進む成熟社会では、地域の実情に合った政策を自らの責任で選択できる下からの公共性・自発的公共関係の形成が重要となります。

自発的関係とは、地域の個人や組織単位の内側からにじみ出た動機によって形成される公共的な協力関係を意味します。そこでは、国の主導的関与ではなく、住民や民間企業、社会的企業が自らの意思と自らの積極的な働きかけにより公共性を形成する姿です。

今日の地方自治は、都市部、非都市部を問わず、価値観の多様化が進んだ大衆社会で展開されています。大衆社会では、大量消費社会とマスメディアの発達の中で、個々の価値観に依拠した利己的な評論・批判・偏見等が自由に展開されています。こうした利己的、放任的な展開に対して、地域として意思を形成し共同体としての地方自治を確立するために強く求められるのが、下からの公共性・自発的公共関係の構築です。下からの公共性・自発的公共関係では、基礎自治体優先の原則が重要となります。その原則を踏まえ、自治体議会の進化とそこでの政策議論の質的向上を実現する必要があります。

消極的自由と積極的自由

「消極的自由」とは、国からの様々な制約を取り除くことを中心とする取り組みであり、「国の制約からの自由」を意味します。ここでは制約を取り除くことを自由と定義しています。これに対して、「積極的自由」とは、単に制約を取り除くだけでなく、自ら新しい地域を生み出す自由、自己の意思を実現し自らの決定に基づいて行動すること、すなわち「新たに生み出すことへの自由」を意味します。様々な地域の課題やリスクを認識しつつ、いつ、どこで、だれが、どのような政策を展開するかを、地方自治体側が考え実行する力は、自治体間・地域間競争が厳しくなる中で今後の地方自治体の持続力に大きな違いをもたらします。

消極的自由から脱却し、積極的自由に移行するためには、「政策の内発化」が必要となります。政策の内発化とは、従来の国の政策・制度待ち、他の地方自治体への横並び、先進自治体の単なる模倣といった外で生まれ外から与えられる「外発型の政策」ではなく、国や他の地方自治体の取り組みは参考にしつつもそれに拘束・翻弄されることなく、新たなイメージを積極的・戦略的につくり出す政策姿勢です。内からの継続的な政策変革を地方自治体の体質にするには、外からの指摘を契機として進めるのではなく、地域の内側から継続的な問題提起がわき上がり、それを受けた変革が展開される「変革の内発化」が必要となります。

政策議論とは、より良い政策を生み出すため相互に行われる提案と指摘を検証し合うことであり、単なる片道の主張を繰り返し、あるいは、ダメ出しの議論を繰り返すことではないことは、すでに整理してきました。とくに、「今までやってきた」「前例がない」「過去の成功」「価値観の違い」等を理由に、新たな提案をシャットダウン的に否定する姿勢は厳に慎むべきであり、提案を実現するため課題をいかに克服するかを前向きに議論することこそ重要です。そのことが、次の時代を担う人材と機能を育成することにもなります。

政策評価等ＰＤＣＡサイクルの究極的な目的は、地方自治体と地域の持続的発展のために政策を進化させることにあり、効果やコストを測定するものさしを作成し、政策の良し悪しを判断することです。進捗度管理、予算編成へのフィードバック等の活用場面は異なっても、ものさしとその利用方法の善し悪しで、評価自体の質も大きく左右されます。ものさしと利用方法自身が、客観性（他との比較の担保）を持たず、時代の一時的感覚に大きな影響を受け揺れ動くとすれば、政策に対するひとつの意見としての価値は高くても、政策創造として活用することはできません。一時的な外部環境や意見の変化に対応することではなく、経済社会の持続的発展に向けて、一時的な変化を越えて累積的に新たな政策の創造に取り組むことが政策の進化につながります。

4　政策交渉の視点

政策議論を積み重ねて、政策の質を高めていくことは極めて重要です。同時に、実社会において政策を実効性あるものとして展開するには、政策交渉への理解が不可欠となります。

政策交渉とは何か。政策をめぐる利害実現のプロセスをいいます。「利害なければ交渉なし」といわれるように、政策交渉には必ず利害があります。国、国の中の各府省、府省の中の局、各地方自治体など各組織に、利害が存在します。利害とは、実現したい利益のことです。利害をより多く実現するために交渉が行われます。

利害は、各組織が固有に持つものもあれば、各組織や国民を含めた当事者の背後に存在する利害関係、いわゆるステイクホルダーの利益、得失も意味します。政策交渉は、利害のぶつかりあいの中で自らの利益をいかに確保するかの人間行動となっています。

こうした政策交渉の基本を理解することは、単に自らが有利に交渉を進めるだけでなく、相手の洗脳や包摂（まるめ込むこと）に対して強い体質を形成することにもなります。政策交渉の最大のポイントは、自らの利害を明確に認識することですが、同時に交渉においても「知識は力」であることを認識することが重要となります。

交渉は、当事者間の利害の対立、意見の食い違いを調整し、自分にとって、又は自分の組織等にとって望ましい影響を相手の意思決定に及ぼすことを目的としたコミュニケーションプロセスです。

交渉において踏まえることは

① 関与する主体その利害の明確化
② ①で認識した各主体の利害形成の背景・理由
③ 交渉主体間の関係、交渉の場、タイミング
④ 交渉案件の明確化
⑤ 以上を踏まえた交渉戦略の形成

となります。交渉をゼロサムの利害の分捕り合戦とするのではなく、交渉主体間の利害のズレを認識し、その両立点を模索していくことが重要となります。

また、公共政策では、交渉の当事者ではなく、地域紛争等を解決するための第三者としてコンセンサスビルディングを担うメディエーション（結論を得るため対話に積極的に介入する役割）やファシリテーション（対話を効率的に進めるための進行役）といった役割も重要となります。とくに、地域の対立を単純に多数決や裁判でケリをつけることは、かえって長期間にわたり地域を分裂状態に陥れてしまう原因ともなります。こうしたときに、交渉の体系、種類に合わせて交渉のプロセスを組み立て合意に導く役割は、今後非常に重要となります。

第6章

自治体経営と政策評価

1 自治体経営と政策評価の関係

政策評価の実態

経営とは、限られた資源を有効に活用することであり、自治体経営の目的は、将来世代の住民の選択肢を奪うことなく、現在の住民のニーズを満たすこと、すなわち持続性を確保することです。自治体経営は、地方自治体の組織内の行政経営にとどまることなく、地域の将来の方向性たる地域経営も一体としてとらえていく必要があります。

この自治体経営の継続において重要な役割を果たしているのが、政策サイクル・ＰＤＣＡサイクルの存在です。政策議論はもちろんのこと、公共サービスの質的改善、そして民主主義の学校としての役割においても重要な機能を果たします。

地方自治体で展開されている政策評価の仕組みや質は、首長の取組姿勢、地域特性、関与している専門家やコンサルタントの違いなどにより千差万別であり、それぞれに長所・短所を有する玉石混交の現状にあります。政策評価制度自体が進化の途上にある中で、地方自治体ごとに創意工夫を展開することは、地方自治の充実、立法分権を推進する上でも当然の流れであり、玉石混交の現状は過渡期として前向きにとらえていく必要があります。

一方で、政策評価の実務において「評価のための評価」が展開され、政策評価を行うこと自体が目的となり、成果が見えづらい現状で事務作業だけが大きく増大し問題となるケースも少なくありません。これは、間接部門が肥大化し業務部門の負担増となり、行政組織全体のX非効率が深まる構図です。行政組織や政策展開の効率性の改善を求めて実施した政策評価が逆に効率性を悪化させる、いわゆる逆機能の発生がみられます。

以下では、自治体経営の背骨を支える「政策評価に関する二つの仮説への認識」「創造的政策評価に向けた政策思考をめぐる課題の所在」、そして、改善の方向性として「既存の政策評価調書を活用した改善「異化効果を生み出す新たな政策評価の充実」を整理します。

「悩む政策評価」から「考える政策評価」へ

自治体経営を支える政策評価制度を展開するためには、評価の仕組みを支える考え方を明確にして、組織内、さらには議会、住民と考え方の共有を進める必要があります。基本となる考え方が明確でないと、政策評価は形骸化し、負担が増大する存在となるか、首長や行政が見直しを事前に決定した特定事業に、第三者的お墨付きを与えるだけの仕組みとなります。

〈時のアセス〉

日本の政策評価制度のひとつの原型となった北海道庁の「時のアセス」制度（士幌高原道路の事業停止等）は、いかなる利害関係者にとっても平等な時の経過たる「一〇年の期間経過」というものさしで見直しのテーブルに平等にのせるルールを基本としてスタートしています。

この「時のアセス」の構図も、合理的形成仮説による政策評価の限界を認識しつつ、組織的形成仮説による利害関係の調整に一定の共通軸を設定し、信頼性、透明性を半歩でも充実させる努力からスタートしています。

〈説明責任の充実〉

政策評価を支える考え方は、第４章の３でみた「合理的形成仮説」と「組織的形成仮説」です。政策評価制度で政策を抜本的・劇的に変革するシステムを意図した場合、評価結果を次の政策形成に必ずかつ大胆にフィードバックさせる決意を、政治・行政が共に持つ必要があります。合理的形成仮説に基づく制度設計です。

しかし、現実の政策形成では、「グループモデル」や「エリートモデル」等でみたように、利害関係集団間の調整などの実態から相互関係が輻輳し、外部性を強くして設置された評価機関の結果を直接的に次の政策形成に結びつけることが難しい場合が圧倒的に多くなります。また、政策評価の結果であっても、政策の最終的な決定は、議会を中心とする民主主義に委ねられることになります。

そこで、単に政策評価制度を、現実の利害調整をベースに合わせることを意図するものではなく、費用対効果分析など合理的形成仮説によってもたらされる社会科学的客観性を持つ結論と、行政内部の議論、そして民主主義による議論を明確にし、その相違の理由、たとえば「なぜ社会科学的客観性を持つ結論と異なる結論なのか」を住民等に対して、首長も議会も具体的に説明する責務を果たす点が重要となります。この説明を充実させることで、閉鎖的な利害関係者間の調整による政策形成・展開ではなく、開かれた議論の中でいろいろな視点と責任を組み込み、自治体経営や政策を進化させる土壌が形成され、最終的に地域の民主主義を育てる基盤となります。

政策評価に対して、住民等から各事業等の採否に関する「○×」、あるいは「採点結果」のみを求める姿勢が強まることがあります。しかし、政策評価制度について「政策の○×」等の結論のみを求める姿勢は、プロセスを軽視した「悩む姿勢」であり、政策の質的向上には結びつきづらくなります。結論の追求ではなく、プロセスを重視し、プロセスの充実を図る「考える姿勢」が、政策評価制度に関与する首長、行政、議会、そして住民にも必要となります。

結論自体ではなく、その結論を採用したあるいは採用しなかったプロセスについて、その判断理由も含め首長や議会が明確に説明すること、その説明を通じて政策形成の透明性を高め、自治体経営とそこで展開される政策議論が地域のインフラとして開かれた存在になることから始める必要があります。そのことが、住民との政策に関する情報共有の質と量を高めます。結論だけを追い求める政策評価制度の姿勢は、「悩む政策評価」を深刻化させる要因となります。「考える政策評価」へ進化させなければならない段階にきています。

2 創造的政策評価─政策進化への挑戦

政策評価制度の目的は何か。

それは、より良い質の政策、住民にとって有益性・効率性が高い政策を恒常的に追求し生み出すことにあり、「自治体経営と政策の進化」を図っていくことにあります。政策の進化への努力の継続が、従来の限定的な予見可能性の域を越えて新たなイメージをつくり、自治体経営と政策の飛躍に結びつきます。超少子高齢化やグローバル化等、大きくかつ恒常的な構造変化に直面している地方自治体において、政策の進化を求める創造的政策評価の展開は、不可欠な課題となっています。

その理由は、すでに指摘した地域の構造的対立の深まりにあり、それを克服するため政策をめぐる思い込みの体質を、個人、組織を問わず積極的に改めていく評価制度の構築が重要となります。その場その場の一時的環境変化や既得権だけに左右される政策評価を続けることは、逆に政策の混沌状態を生み出すことに留意する必要があります。

政策評価の思い込みの構図

考える政策評価、創造的政策評価の形成を阻む最大の要因は何か。

それは、政策評価制度自体にあるのではなく、政策評価制度を機能させる個人・組織そしてネットワークが抱える思い込みにあります。まず、地方自治体あるいは地域の中に存在する政策思考をめぐる思い込みを認識する仕組みを政策評価プロセスへ組み込むことが不可欠になります。その上で、新たな視点を政策思考に反映させる異化効果の発揮が重要となります。

（思考の構造）

思考とは、経験と学習から形成される「知識」と、テレビ、新聞、書籍、会話、インターネットなど外部から得られる「情報」を結びつけ、自分のイメージを形成するプロセスです。自らの知識と新しく外部から得られる情報を融合させ、新たなイメージを形成することが、「政策思考」です。地方自治体の組織や一定の利害関係集団の意思決定も、個々人の思考がネットワークとして結びつくことによって形成されます。

評価を含めた政策サイクルも、既得権を優先する体質となるか、それとも新たな理想的姿を追求する体質となるか、本質的には両面の体質を持ちます。この両面の体質のどちらをより強く引き出すかは、政策評価をめぐる政策思考の構図とそれを支える情報の質により左右されます。既存の視点の繰り返しにより固定的な政策思考が深刻化し、一度固定的になると、組織・ネットワークを構成する個人の思考も思い込みで化石化していく傾向を強めます。

個人や組織の思考の化石化は、次の世代に受け継がれ、一定の組織体質として長期にわたって定着します。この体質の定着が、多くの場合、無意識の中で展開されるため、自分の属する組織、集団そして自分自身の思考に関する固定的な特性について無意識になります。無意識な固定化であるため、自らの政策思考が生み出す偏りにも無意識となり、自らの政策思考に対する他者の検証に対して受け入れる意識が低下します。

政策評価において重要な点は、地方自治体そして地域が有する政策をめぐる思い込みに対し無意識な状態から脱却することにあります。費用対効果分析等の合理的形成仮説による異なる視点を組み込んだ政策評価制度を意識的に導入し、無意識化した意識や既得権の構図を意識的に認識する意味は極めて大きいといえます。

〔思考の思い込みによる固定化〕

思考の固定化は、なぜ深刻化しやすいのか。思考の重要な要素である知識は、経験豊かでより深く広く学習しているほど厚みを増すことになります。したがって、国、地方自治体や民間企業などでこれまで採用されてきた終身雇用や年功序列の雇用形態も、知識の積み重ねを重視する面からは適切な形態といえます。しかし、どんなに優れた経験や学習に裏打ちされた知識にも副作用が発生します。それが、思い込みです。経験、学習が積み重なり、深みを増すほど、人や組織の視点、発想の原点が一定の領域に固定化し、そこから形成されるイメージも偏った性格を持ちはじめます。

政策評価の現場において、「前からこうだ」「常識だ」「地に足をつけた議論が必要」「非現実的だ」などの言葉で異なる意見を打ち切ろうとする姿勢がある場合、その背後には、深刻な思い込みが潜んでいることが多いと判断できます。また、地方自治体、そして住民は、当たり前のこととして自らの地域のことをよく知っていると認識しやすい実態にあります。しかし、このことが地域に対する思い込みを固定化し、地域の持つ潜在力を失わせる要因となることにも注意すべきです。思い込みによって埋もれてしまった地域の資源や新しく生まれてきている資源を発掘し目を向ける政策思考経路の形成こそが、激しい構造的変化に直面する二一世紀の地方自治体戦略の第一歩となります。こうした発掘を含めた政策の進化に資する創造的政策評価の構築が不可欠となります。

政策思考の思い込みは、外部からもたらされる情報の選択に大きな歪みを生じさせ、適切な判断やイメージの形成を困難にします。多くの個人、組織そして地域でも、自分の知識に照らし合わせ、耳触りが良い情報、当たり前と思う情報を無意識に選択しやすい体質にあります。そうした状況に陥ると、どんなに優れた経験と学習に支えられた知識があっても、思考に不可欠なもうひとつの要素である情報に偏りを生じさせ、そこから生まれてくるイメージは固定的で硬直的なものとなります。思い込みや偏見によって情報が偏れば、知識自体の進歩が止まり、さらに硬直化を深める悪循環へと結びつきます。この悪循環を断ち切り、自治体経営、そして政策の進化に結びつけ政策の進化を図ることこそ、政策評価制度の本質的目的のひとつです。

住民参加と政策評価

地方自治体、とくに基礎自治体の政策展開において、住民参加は不可欠な要素となっています。それは、行政と住民、政治と住民、そして住民相互間のパートナーシップの充実を生み出すものであり、受益と負担の関係を共有し、住民の地域に対する役割、責任を再認識するためにも極めて重要な取り組みです。しかし、行政に長所と短所があるように、住民参加にも長所と短所があることを、行政も住民も共に認識し政策評価制度等への参加をスタートさせる必要があります。それがないと、政策評価制度へ参加しても、実現しないことに対しての住民側の不満や議会との軋轢の発生などにより、意図とは逆に、政策の進化を妨げる要因となります。そもそもパートナーシップは、協力し合う者同士が互いの長所と短所を認識し補い合うことで高い効果をあげることができます。

一方の短所を一方通行で指摘し、あるいは批判するだけでは、高い成果を生み出すことは困難となります。住民参加、パートナーシップは、行政と民間が対等の関係で「共に考え、共に行動する」水平関係を基本とします。この水平関係が持つ長所と短所がそこには必ず存在します。簡単に整理すれば、住民参加による水平関係の展開の長所は行政では認識できない問題点を様々な視点から発掘できる点、短所は問題点の発掘はできるもののそれを体系的に解決することは困難なことがあげられます。

そのため、住民参加を政策プロセス内に組み込む際にも、現状の問題点を発掘する段階では住民参加を促進し、より様々な角度から視野を広げて問題点を明らかにするよう留意し、具体的かつ体系的な解決策（政策）を構築する段階では、自治体職員が中心的に担うことが求められます。解決策実施の段階では、住民の役割を明確化し、実施の約束（コミットメント）を取り付けることや機運の醸成が重要となります。評価の段階で住民は、チェックを行い、具体的な問題提起を行うことは得意ですが、それをアクションとして解決策の見直しに結びつけていく取り組みは困難になりがちです。このように住民参加の特性を理解し、どのようなプロセスで、どのように住民参加を導入すべきかを検証しないまま、住民参加に取り組むと、政策評価に限らず政策形成プロセスそのものの劣化を生み出します。

政策評価をめぐっても同様の長所と短所を有しています。住民参加の課題を検証する上で有用なモデルが、第5章でも紹介した「ゴミ箱モデル」です。その中核は、実際の政策形成は合理的に行われるのではなく、問題点と解決策が無秩序なゴミ箱の中で選択されているにすぎないとしている点にあります。

ゴミ箱モデルの本質は、政策形成を単なる混沌状態ではなく組織化された無秩序ととらえることにあります。住民参加等による開かれた政策評価の取り組みでは、

①　目標や選考基準を共有すること

②　議論の結果が政策形成全体にいかに反映されるかを共有すること

③　自らの関心事だけにとらわれることなく、政策議論全体に参加することのルール化をすることから始めることが必要となります。

3　政策評価を通じた政策思考の進化

政策評価をより良く機能させるため、政策評価調書の形態の見直しや政策評価プロセスの改善、定量的指標の見直しなど努力が重ねられています。そうした努力の積み重ねは、重要であり継続しなければなりません。

しかし、大胆に見直しても、それだけでは問題は解決しません。なぜならば、政策評価をめぐる問題は、制度に起因する以上に、政策評価にかかわる政策思考をめぐる人間行動の体質自体に潜んでいるからです。では、政策思考自体が持っている思い込みを認識し克服する手法とは何か。論理性などの視点を、政策評価プロセスに組み込むことも有効となります。現行の政策評価制度の中で、政策評価調書の記載の質的改善、政策評価をめぐる情報の質的改善といった地道な取り組みでも政策の進化をもたらし、政策思考の体質自体を改善することが可能となります。

評価調書を活用した政策思考の体質改善

(論理性の追求)

政策評価調書を通じて抱えている思い込みを認識するため、まず重要なことは、第一に、思考と論理性の違いを認識することにあります。思考とは、知識と情報によって新たなイメージを形成することです。これに対して論理性とは、思考によって生み出された新たなイメージを、言葉と言葉の関係に注意しながら、誰にでも理解してもらえるように一般化した文脈で表現することを意味します。思考は、あくまでも新しいイメージの形成への挑戦であり、論理性とは他者にそのイメージを伝える一般化のプロセスです。

論理性の追求は、広く地域住民に制度や政策等を伝えるために不可欠であり、また開かれた政策議論を進めるためにも不可欠な存在です。政策評価調書は、政策評価そして政策の進化を、地域、住民に伝える論理性を担保する場であることを認識し、行政内部の事務処理の文書ではないことを再確認する必要があります。

その上で、政策評価調書の記載において、論理性がどこまで担保されているか、政策評価のプロセスを含めた質を判断する際に極めて重要となります。一枚の政策評価調書の中にも、いろいろな矛盾や不明確な内容が記載されていることが少なくありません。そのことは、政策評価調書の質の問題にとどまらず、政策評価制度自体の事務的ルーティン化が進んでいることを示唆しています。論理性の追求は、政策思考によって生み出された新しいイメージを広く普遍的に伝えることです。したがって、特定の業界用語を使って限定的な範囲の論理性を追求するのではなく、伝える人と受ける人の双方に、普遍的かつ同一性をもって理解し合える土台をつくることが論理性の追求となります。

（官庁文学）

普遍的な論理性の追求があって、はじめて開かれた政策議論が可能となります。政策評価調書の作成にあたっても、特定の行政の業界用語や文章を使用することなどは極力避ける必要があります。

行政が業界用語を使って限定的な論理性を追求することを「官庁文学」という言葉で表現することがあります。これは、限定された論理性追求によって文書や発言に現れる官庁が使用する独特の表現を意味します。官僚体質を示す表現として、前例踏襲主義（過去の事例をベースに将来に向けた意思決定を正当化すること）や、稟議制度（下部機関で作成された原案を関係部門、上位部門に回付して同意を求めること）、依法主義（法令の条文に形式的かつ過度に依拠すること）などがよく指摘されます。

そのいずれもが、官庁独自の論理性を追求するためにエネルギーの多くが費やされる結果として生み出される集団行動の代表例です。規模の大小にかかわりなく、国と地方の大きな行政体系の中に位置づけられる基礎自治体たる市区町村にも、この官庁文学が程度の差はあっても存在しています。民間企業でも同様の体質が内在している場合、お役所体質やお役所仕事等の言葉で揶揄されます。

もちろん、官庁文学を通じて論理性を追求することは、一定の役割を果たします。官庁内部で制度や政策の内容を明確に意思共有して確実に執行していくためには有用です。しかし、官庁文学としての論理性追求が閉鎖的に繰り返されれば、そこに埋め込まれている思考は、自由な視点ではなく、過去に形成された思い込みを積み重ねた硬直化したイメージにすぎなくなります。そこに、前例踏襲主義や過度に法令の文言解釈に依存する依法主義が浸透する土壌が生まれます。政策評価調書の記載内容が限定的な論理性に陥っていないか、常に外部の目に晒すことが必要となります。

（多義性と曖昧性の克服）

政策評価調書をめぐりさらに指摘しておくべき事項の第二として、「多義性、曖昧性」の問題があります。制度や政策の展開においては、文章解釈が持つ特性として「内容を明確にする」以上に、「状況に即して解釈し理解する」ことを優先する場合が少なくありません。このことが、制度や政策を個別事例ごと、あるいは解釈する人や組織等の立場で伸び縮みさせる要因となります。多義性と曖昧性は、本来異なる概念です。

「多義性」とは、言葉の明確な意味としていくつかの内容があることといいます。多義性は、「辞書的多義性」「代名詞的多義性」「文章的多義性」に分けられます。辞書的多義性は、単語の意味として複数以上の内容があること、代名詞的多義性とは代名詞が指し示す内容が複数以上あること、文章的多義性とは単語が統合された文章の文法に則った解釈において複数以上の内容があること、を意味します。

多義性を完全に排除することは困難であり、また不適切でもあります。しかし、政策評価調書の記載を通じて多義性による虚偽や多義性を活用した制度・政策の伸び縮みが発生するとすれば、これに対して多義性を排除し明確化する努力が必要となります。制度・政策の伸び縮みを利用した制度・政策の本来の意図とは乖離した点に効果が帰着し、政策評価自体を形骸化させる大きな要因となります。

一方で、曖昧さは、言葉の不明確さ・不正確さを意味します。したがって、曖昧な内容は、使用する文脈ごとに内容を変えると同時に、それぞれが一定の価値観の中で正当性のベールを持つことになります。多義性以上に、制度・政策を伸び縮みさせる要因となりやすい存在です。

多義性と曖昧性を持つ記載を政策評価調書の検証を通じて改善する努力を続けることは、政策に関する説明責任の充実を通じて政策思考の体質改善を図り、政策の進化をもたらす要因となります。

（指標の位置づけの明確化）

政策の目的の明確化に取り組むことは重要ですが、それと同時に評価指標の位置づけを明確にすることがさらに重要となります。評価指標は達成・未達成が直ちに問題になるわけではなく、仮に未達成であれば、なぜ未達成だったのか、地域状況の変化によるものなのか、施策・事業の効果が発現しなかった要因を判断することが求められます。これらの判断に基づき、施策や事業の進化に結びつける仕組みを内在化させることが重要です。指標の達成・未達成で一喜一憂しているとすれば、指標の位置づけを根本的に改め、内外に明示することから始める必要があります。

本来的には、各事業に対して、

・事業単体の活動指標（例：職業訓練講座を何回実施したか）

・成果指標（例：職業訓練講座に何人が参加し（一次成果指標）、参加した人で再就職が決まったのは何人か（二次成果指標））

を分けて整理することが求められます。この事業単体の二次成果指標と他の事業の二次成果指標の合計が、施策の成果指標として位置づけられます（例：ある地方自治体が実施した施策により再就職が決定した人数）。市が実施した施策以外の外部要因の大きい指標は、課題指標（例：常勤雇用者・失業率）などとして、分けて整理することが求められます。

（透明性の確保）

透明性の確保とは、意思決定や事務・事業の執行プロセスなどを外からでも認識できる仕組みとすること、すなわち、オープン化を意味します。先のコストが、個人や組織の行動様式を新たな視点で解き明かす手段であったのに対して、見え消しは、個々人や組織の意思決定プロセスにおいて、いかなる問題提起がなされ議論が展開され、その結果、いかなる結論に到達したかを明らかにすることで、意思決定プロセスに潜む思い込みを掘り起こすことです。具体的には、意思決定や事務・事業の意思決定プロセスを「見え消し」の手法で確認することです。

見え消しは、先の意思決定者の結論を、後者の意思決定や議論参加者が分かるように否定する仕組みであり、当然、否定の理由、そして議論と対話の流れを明確にする仕組みです。先の意思決定者の結論を削除し、後者の意思決定者が上書きし自分の結論に置き換える「上書き方式」では、最終的な結論に至ったプロセスが不明確となり、そのプロセスにおいて、いかなる検討が展開され、採択あるいは否定されたか、その理由は何かを認識することができません。

このことは、単に意思決定の透明性を奪うだけでなく、政策決定に関する議論を住民が検証することを困難にします。同時に、議論の構造化を困難にして、同じ議論を形を変えて繰り返すことで、政策の質的進化を阻む要因ともなります。ハイデガーが活用した「見え消し手法」は、既知として表明された意識を誰でもが共有できる形で否定する手法です。この手法により、議論のプロセスが明確となり気づきが生まれると同時に、同じ議論を繰り返すことがなく議論の構造化が可能となります。

意思決定に向かう様々な思考のプロセスが明らかとなり、そこでの議論を通じ他者の時間軸の中での検証が可能となります。意思決定プロセスを透明化することは、様々な思考に基づく選択肢をぶつけ合いながら、その優劣について、ひろく住民を含めた外部に伝えていくための論理的な整理を意味します。

管理志向型と行動志向型、実効性と実行性

（管理志向型と行動志向型）

自治体経営や評価の実施形態は、管理志向型と行動志向型に分けることができます。管理志向型とは、国や地方自治体の継続的事務事業、義務的事務事業を中心に目標を着実に達成するため、決められた基本

的な枠組みを堅持しながら、進行管理を行う形態です。総合計画等の地方自治体の諸計画のほとんどは、管理志向型で形成・展開されています。

管理志向型は、環境変化が少ない中で着実に事務事業を進めるには適した実施形態ではあるものの、政策の進化には大きな限界があります。限界とは、具体的には

① 制度・政策、施策・事務事業のどのレベルも、新たな手段の構想には及びづらいこと

② 環境変化に伴う未経験な現象を対象として取り扱う視点が欠落しやすいこと

③ 従来政策の枠組みを堅持した範囲内で選択できる代替案のみを構想しやすいこと

などです。このため、目的達成のために手段レベルの見直しが必要なときにも適時に対応できず、手段の維持を優先し、目的自体を見失う手段の目的化や政策ラグの深刻化を発生させやすい実態にあります。

国や地方自治体の評価制度に行動志向型の思考を組み込むことは、政策の進化のために重要となります。行動志向型とは、漸進的であっても、次に取り組むべき新たな枠組みや手段の構築を常に意識し、現実の政策手段の形成と執行等を通じて集積する情報を活用し、社会経済情勢の構造的環境変化に対応しつつ、政策の目的達成の実効性を担保することです。

（実効性と実行性）

政策サイクルに関しては、「実効性」と「実行性」の二面性が求められます。

第一の実効性とは、単に当初の計画どおりに進行することではなく、計画等で示された方向性・参照点を実現するため、構造的環境変化に合わせて当初予定した実施方法や優先順位を変更し、スクラップ・アンド・ビルドを行いつつ実施することです。第二の実行性とは、計画等で決められたとおりに事業等を進める進行管理を中心とする取り組みです。

地方自治体の事業においては、経済社会環境等に大きく左右されることなく着実に進めるべきセイフティ・ネットとしての事業と、経済社会環境の変化に適切に対応し実行していくべき事業があります。前者については、主に実行性が、後者については、実効性が柱となります。ただし、前者の実行性確保のためには、事業の優先性を明確にする中で資源の優先配分を持続させることが必要であり、その点では間接的に経済社会の構造環境変化の影響を受けます。政策サイクルは実効性を重視しつつ、実行性を着実に展開する必要があります。

〔政策対応〕

実効性ある政策サイクルを展開するには、政策対応のガバナンスを意識する必要があります。

目的・目標と実績が乖離している場合、次期政策としての対応類型として、①継続、②調整、③再構築、④終結の選択肢があります。②の調整とは、政策の基本構図は維持するものの、新たに認識した環境変化や課題に対応するため、当該政策に対する資源配分の構造を見直すことであり、③の再構築とは、政策目標は維持しつつも、政策の基本構図を見直すことを意味します。

この調整や再構築においては、次の四つの対応方法からアプローチすることが有効となります。

① 逸脱型対応（目標と乖離する現状を生み出した原因を明確にして、その原因を除去するための調整や再構築を行う形態で、分析力が重要となる）

② 未来型対応（目標の達成時期に乖離が生じた場合への対応であり、①同様に原因分析を行うと同時に、目標年次と目標値の適正性を検証し、資源配分や手法の健全性を確認する）

③ 探索的対応（目標の変更によって生じるギャップを検証する対応であり、原因分析以上に目標変更に伴う手段の検討が重要となる）

④ 設定型対応（まったく新しい目的・目標を設定し、再度、政策形成プロセスをたどる方法）

4　開かれた学習

行動志向型、客観的合理性と倫理性に支えられた政策思考力の形成、そして人間行動への関心を高める力を養うことが、国や地方自治体の職員能力として新たに求められています。「開かれた学習」の展開が重要となります。社会経済環境の変化を客観的・体系的に認識せず、自らの主観的な枠組みを固定的に意識することで、新たな政策の形成等を排除あるいは限定化する体質の克服の場が、「開かれた学習」です。

次世代を担う若手職員が、積極的に環境の変化や揺れを受け入れ、学習姿勢を開放する体質を形成していくことは、基礎自治体の組織を進化させていくために不可欠な取り組みです。開かれた学習の場を通じて継続的に変化・適応・成長を繰り返し、新しいことを学習することが重要であり、これが実現しない場合、地域とそれを支える行政機能の進化は停止します。活力ある状態にする最大の要因は、地域を動かす挑戦思考を特定の枠組みや価値観に拘束せず、広く情報交換し総合的に創造性を高める場を形成することです。

学習の開放では、「直観」を重視する姿勢が必要です。なぜならば、開かれた学習では、異なる視点からの様々な指摘・主張が展開され、その中から自らの取り組みを進化させる点を自ら掘り起こす姿勢の育成が重要だからです。直観は、いかなる状況においても可能性を認識し得る有力な方法です。

開かれた学習において求められる第一の機能は、個人的なビジョンという名の多くの糸を、組織としての大きな布に編み上げることです。従来においては、フォロワーは、リーダーが自分たちのために組織のビジョンを定義してくれることを期待し、組織のビジョンを一方的に創り上げ、それに対してメンバーのコミットメントを得て自分自身と他の人々を勇気を持って支えることが、リーダーの仕事であると考えられてきました。

しかし、こうした従来型のリーダーシップには、固有の弱点が存在します。それは、①リーダーが組織のビジョンの単独の創造者であるとき、メンバーが未来を心に描く能力が退化すること、②一人ひとりのリーダーによって作成されたビジョンが固定化され動かせない限り、個人のメンバーの側における選択、所有、イニシアティブのいかなる顕著な動きも事実上排除されること、です。

開かれた学習における第二の機能は、人々に創造的な力をフルに発揮してもらうことであり、他の人々にとって重要なものを自ら選択し、自ら求める存在になれるようコミットするのを助けることにあります。通常の組織では、人々が望む最良でかつ存在し得る唯一の方法は追従方法です。先例や従来の手法の踏襲です。こうした追従方法でなく、参画を求めることが重要となります。

開かれた学習における第三の機能は、望ましい結果を創造することに役立つネットワークを創り出すことです。ビジョンに向かって個人的エネルギーを伝える構造を創造するばかりでなく、全員がコミットする方向に伝えていく構造をも創造する必要があります。構造的要素は、ネットワーク内で相互に作用し合いながら、場合によっては互いに意見が異なる可能性を内包します。こうした点は健康的な状況です。ただし、この健康的状況は組織全体の大きな目的を認める限りにおいて有効なのであり、開かれた学習による認識の一致がなければ望ましくない結果をもたらす点には留意すべきです。

【参考文献】

秋吉貴雄・伊藤修一郎・北山俊哉（二〇一〇）『公共政策学の基礎』有斐閣

足立幸男・森脇俊雅編著（二〇〇三）『公共政策学』ミネルヴァ書房

足立幸男（二〇〇九）『公共政策学とは何か』ミネルヴァ書房

伊藤修一郎（二〇一一）『政策リサーチ入門』東京大学出版会

宇賀克也（二〇〇二）『政策評価の法制度』有斐閣

草野　厚（一九九七）『政策過程分析入門』東京大学出版会

公文俊平（二〇〇四）「地域情報化をめぐる課題」湯浅良雄・坂本勢津夫・崔英靖編著『地域情報化の課題』晃洋書房

ジュリアン・バッジーニ、ピーター・フォスル著、長滝祥司・廣瀬覚訳（二〇〇七）『哲学の道具箱』共立出版

田中成明（一九八九）『法的思考とはどのようなものか』有斐閣

日本政治学会（一九八四）『政策科学と政治学』岩波書店

野口悠紀雄（一九八四）『公共政策』岩波書店

ナイジェル・ウォーバートン著、坂本知宏訳（二〇〇六）『思考の道具箱』晃洋書房

松下圭一（一九九一）『政策型思考と政治』東京大学出版会

宮川公男（一九九四）『政策科学の基礎』東洋経済新報社

（二〇〇二）『政策科学入門』東洋経済新報社

宮脇　淳（二〇〇九）『自治体戦略の思考と財政健全化』ぎょうせい

（二〇一〇）『創造的政策としての地方分権』岩波書店
（二〇一一）『「政策思考力」基礎講座』ぎょうせい
山谷清志（一九九七）『政策評価の理論とその展開』晃洋書房
ユージン・バーダック著、白石賢司・鍋島学・南津和広訳（二〇一二）『政策立案の技法』東洋経済新報社

■著者プロフィール

宮脇　淳（みやわき・あつし）　北海道大学大学院法学研究科教授

専攻は、行政学、政策学。1956年生まれ。日本大学法学部卒。参議院事務局参事、経済企画庁、㈱日本総合研究所主席研究員等を経て、1998年より現職。同大学公共政策大学院院長．内閣府地方分権改革推進委員会事務局長を歴任。

国土交通省国土審議会及び北海道部会委員、総務省第三セクター等あり方研究会及び下水道財政あり方研究会座長、文部科学省中央教育審議会専門委員同省法科大学院加点審査委員会委員、北海道管区行政評価局行政苦情処理委員会委員などを兼務。

『「政策思考力」基礎講座』・『自治体戦略の思考と財政健全化』（ぎょうせい）、『創造的政策としての地方分権』（岩波書店）、『図説財政のしくみVer.2』（東洋経済新報社）ほか著書多数。

若生　幸也（わかお・たつや）　株式会社富士通総研公共事業部シニアコンサルタント

1983年生まれ。金沢大学法学部卒業、東北大学公共政策大学院修了。2008年に㈱富士通総研に入社し、総合計画策定・行政評価導入支援・事務事業改革支援などの自治体経営改革支援や国・地方自治体の地域政策・政策評価制度などの受託調査に取り組む。2011年～2013年北海道大学公共政策大学院に専任講師として出向し、特区制度・広域連携・自治体情報化戦略・第三セクター改革などを研究。2013年より現職。

㈱富士通総研経済研究所上級研究員、北海道大学公共政策大学院研究員、富山市まちづくりアドバイザー、岐阜県関市まちづくり市民会議アドバイザー、北海道芽室町議会サポーターなどを兼務。

地域を創る！「政策思考力」入門編

平成 28 年 8 月 5 日　第 1 刷発行

著　者　宮脇　淳・若生　幸也

発　行　株式会社ぎょうせい

〒136-8575　東京都江東区新木場 1 - 18 - 11
電話　編集　03-6892-6508
営業　03-6892-6666
フリーコール　0120-953-431

URL：http://gyosei.jp

〈検印省略〉

印刷　ぎょうせいデジタル㈱

ISBN978-4-324-10195-7
(5108278-00-000)
〔略号：政策思考入門〕